AF348885

Hackeo Mental

Cómo Cambiar Tu Mente, Volverte Un Maestro De Tus Emociones, Lograr Las Metas Que Deseas Y Comenzar a Vivir Con Todo Tu Potencial

LETICIA CABALLERO

© Copyright 2020 - Leticia Caballero

Todos los derechos reservados.

Ninguna parte de esta guía podrá ser reproducida de ninguna forma sin un permiso escrito por el publicista, excepto en caso de reseña.

Nota Legal

Por favor tome en cuenta que la información contenida en este documento es solo con propósitos educacionales y de entretenimiento. Se ha puesto todo el esfuerzo en presentar información precisa, actualizada, confiable y completa. No se declaran ni implican ningún tipo de garantías. El lector entiende que el autor no se compromete a participar en la prestación de servicios legales, financieros, médicos o profesionales. El contenido de este libro es derivado de varias fuentes. Por favor consulte a un profesional licenciado antes de intentar cualquiera de las técnicas descritas en este libro.

Al leer este documento, el lector acepta que bajo ninguna circunstancia el autor es responsable de ninguna pérdida, directa o indirecta, que incurran como resultado del uso de cualquier información contenida en este documento, incluyendo, pero no limitada a, errores, omisiones, o inexactitudes.

Tabla de Contenidos

Introducción

Con el paso acelerado de la sociedad de hoy, puedes fácilmente cultivar malos hábitos y rutinas que contribuirán a un estilo de vida no saludable, en el cual no te sientes feliz. Hay una desconexión dentro de tí con el mundo exterior en la cual ni siquiera puedes apuntar un dedo acertadamente a cuál pueda ser la causa de esto.

Pareces tener todo lo que necesitas para estar confortable y feliz en tu vida, aún así estás buscando algo más. Parece haber una pieza o dos del rompecabezas que están perdidas incluso cuando miras el cuadro completo de tu vida desde tu perspectiva actual.

Porque tus comportamientos, acciones, pensamientos y todos los vástagos de las complejidades de la mente, necesitas inspeccionar y entender su funcionamiento interno para revertir o cambiar comportamientos familiares a nosotros, que aún así nos hacen sentir atascados.

El cerebro ha acumulado patrones de comportamiento y respuestas emocionales que se arraigan desde cableados antiguos, los cuales se remiten a cuando nuestros ancestros pusieron sus vidas en el límite para sobrevivir. Por este tren de pensamientos, nuestro cerebro responde bien a medidas peligrosas y gratificantes. De todos modos, este concepto no parece desarrollarse en nuestro lado emocional.

La buena noticia es, que hay un modo de ganar ese sentimiento de estar completo que tanto buscas. No debes sentirte encadenado a tu conjunto de rutinas actuales. La belleza general del mundo es que todas las cosas cambian y nada es permanente. Esto te da la oportunidad de tomar una dirección diferente con cada decisión que tomas. Últimamente estás a cargo de cómo se desarrolla tu vida, y puedes tomar medidas correctivas para asegurarte de que estás obteniendo lo máximo de ella.

A través de la vida, todos experimentamos una lucha personal de tanto en tanto. Cuando nos vemos a nosotros mismos inmersos en estas luchas y las sentimos en un nivel muy personal, nos sentimos atrapados por una cadena de eventos. Llegamos a un punto en donde ya no vemos una salida. Debemos decidir: dejar de intentar liberarnos de nuestra lucha o ver otro modo de sobrellevarla. Debes comprender que es posible que tomes decisiones que te empujen a romper las ataduras que tú mismo o misma has creado para tí.

La presión de un grupo y las redes sociales hacen que siempre nos cuestionemos a nosotros mismos cuando nos comparamos con otros, y eso no nos facilita el camino para liberarnos de estos trenes de pensamientos. Se ha arraigado en lo profundo de nuestro ser para continuar aparentando ser mejor que los demás.

Invertimos tanta energía en crear esta persona perfecta que le presentamos al mundo que nos queda muy poca energía o iniciativa para cultivar nuestro ser interior. Cuando continuamente nos preocupamos por lo que piensan los demás, nos sentimos inadecuados cuando reconocemos la verdad acerca de nuestras imperfecciones internas.

Todos sabemos que nadie es perfecto, pero admitir esta verdad puede ser un obstáculo para tí. Una vez que des este paso, vas a poder abrazar cada situación como una lección para aprender algo acerca de tí y del mundo que te rodea. Habrá tiempos difíciles en los cuales fallarás en tu viaje, pero es tu elección dejar que esto te desanime o tomarlo como una oportunidad para crecer y aprender.

A menudo, necesitamos experimentar dificultades para saber más sobre nosotros mismos y nuestras creencias. Nos hace preguntarnos cuáles son nuestros motivos para todo lo que hacemos en la vida. Todo se remite a decisiones, construirte y re diseñarte a ti mismo o a ti misma no es algo que cualquier otra persona además de tí pueda llevar a cabo. Tú estás en el asiento del conductor, y solo tú decides de qué manera te afectarán las situaciones.

Tus pensamientos crean tus acciones, y tus acciones crean tu vida; si no te agrada cada aspecto de tu vida, entonces debes reparar tus pensamientos. Lo bello de las emociones y pensamientos es que no son una parte permanente en nosotros. Podemos alterar ambos con tres tipos de acciones: reevaluando la situación, cambiando nuestro enfoque y alterando una situación externa. A través de todos los métodos y estrategias en este libro, comprenderás tus emociones y pensamientos, y así podrás finalmente cambiarlos. Aprenderás cómo implementar estrategias de hackeo mental rápidamente y verás la diferencia de cómo cambiar tu perspectiva y tu modo de pensar pueden hacer tu vida. Cuando ves a tu cerebro como una computadora con la cual aprender y navegar, entenderás que puedes crear un cambio positivo al actual estado de tus asuntos. Después de trabajar con las fórmulas, verás triunfos en todas las áreas tanto de tu vida personal como profesional.

Explorarás maneras de fortalecer tu mente mientras te separas de tu mente y estando en control de ella. Voy a darte las herramientas para comprender tu máximo potencial y no habrá nada que te detenga de volverte un éxito en todas las metas que te propongas. A través de las enseñanzas de este libro, obtendrás una vida más calma y dirigida. Hay muchas vías de acercarte al hackeo mental, y espero que haya suficientes maneras diferentes con las cuales puedas cumplir con tu objetivo.

Además de las prácticas, hay varias maneras de construir tu personalidad que son de gran beneficio en sí mismas. Notarás cómo puedes ordenar tu entorno laboral para que sea un lugar más productivo con pocas distracciones para que puedas mantener la concentración en las tareas en cuestión. Hay maneras generales de retomar el control de tus emociones y miedos, que pueden serte de gran ayuda en todos los ámbitos de tu vida.

Muchos de los ejercicios requerirán que reflexiones y escribas tus pensamientos y las cosas que ocurren en tu mente. Quizás deberías considerar comprar un diario especial para que puedas llevar un registro preciso de todas tus asignaciones y progresos. Este será un diario que solo tú leerás, asique será solamente para tí.

Cuando pasas por cambios tan drásticos en tu vida, necesitas una hoja de ruta para saber exactamente hacia dónde te diriges. Este libro contiene un capítulo entero dedicado a guiarte a través de diferentes planes de objetivos. Este capítulo será tu biblia una vez que comiences a mejorar tus debilidades particulares. Todo lo que necesitas para triunfar está incluído y está en tí en esforzarte para comprender todos los beneficios.

Los principios de estas técnicas te asistirán para remover el desorden innecesario, para así poder reprogramar tu mente. Descubrirás y te verás envuelto en el inmenso poder de que pensar positivamente y dialogar contigo mismo clarifica tus pensamientos. A través de estos métodos, practicarás activamente impulsar tu confianza y eliminar la duda en ti mismo o en ti misma. Si vas a dar este excitante paso para ganar el conocimiento acerca de cómo recablear tu cerebro, entonces este libro es el punto de partida perfecto para tí.

Capítulo Uno:

La Composición Del Cerebro

El modo más fácil en el que puedes visualizar el cerebro es en la forma de una gran computadora—él recibe información del cuerpo a través de los sentidos y procesa dicha información. Él entonces devuelve mensajes de vuelta al cuerpo. Es también la fuente de la inteligencia humana y puede experimentar las emociones que sentimos. Su tamaño es el de nuestros dos puños cerrados y pesa aproximadamente tres libras. Tiene muchas grietas y muchos pliegues y su aspecto es muy similar al de una nuez.

Podemos dividirlo en **cuatro secciones diferentes**: el **cerebelo**, el **tallo cerebral**, **diencéfalo** y **cerebro**, de los cuales todos sirven a diferentes propósitos. Adicionalmente, podemos separarlo en los **hemisferios derecho** e **izquierdo**, conectado con una gruesa sección de fibras nerviosas conocidas como **cuerpo calloso**, el cual se encarga de pasar información entre los dos hemisferios. El lado izquierdo del cerebro es el responsable de los pensamientos abstractos y el habla, mientras que el hemisferio derecho trata con la imaginación y el pensamiento espacial.

Para entender mejor los procesos de tus emociones y pensamientos, vamos a enfocarnos más en el **área del cerebelo** de tu cerebro.

Podemos también referirnos a este área como la corteza cerebral o **corteza**. Que compromete el hipocampo, la amígdala, el hipotálamo y la corteza, e incorpora información desde los órganos sensitivos hasta los procesos de pensamientos, memoria y emociones.

La ubicación de tus pensamientos, emociones y memoria es en los **lóbulos temporales**. Aquí es donde podemos encontrar el **sistema límbico**, el cual contiene el hipocampo, hipotálamo y la amígdala, que se encuentra en el cuerpo calloso entre los dos hemisferios del cerebro.

El **hipocampo** es el responsable de la memoria a corto y largo plazo y está conectado a la amígdala. Se asemeja a dos cuernos o a un caballito de mar. Ubicamos el **hipotálamo** debajo del tálamo, y es el centro de placer de nuestro cerebro. La **amígdala** aparece como dos racimos de almendras y regula nuestra respuesta al miedo y a la agresión, y coordina nuestras respuestas físicas a estas emociones a través de todo el cuerpo. Aquí es donde se alojan todos nuestros miedos aprendidos, y nos ayuda a recordar estas situaciones para que podamos evitarlas en el futuro.

El Colapso De Las Emociones

Las emociones son un estado psicológico complejo que categorizamos en respuestas del comportamiento, experiencias subjetivas, y respuesta psicológicas. Los científicos han intentado definir los diferentes estados de las emociones que fluctuaban en cualquier lugar entre seis a veintisiete estados en las últimas cinco décadas. Actualmente, aceptamos que hay ocho tipos diferentes: anticipación, sorpresa, disgusto, confianza, ira, tristeza y felicidad. Podemos combinar estos ocho tipos de emociones para crear otras emociones, como por ejemplo usar anticipación y felicidad para crear excitación. Vamos a enfocarnos en las tres categorías de emociones para tener un mejor entendimiento.

Experiencia Subjetiva

Aunque la gente alrededor del mundo puede sentir emociones básicas sin importar su cultura o trasfondo social, las emociones subjetivas van más profundo—sentimos éstas emociones con más complejidad dependiendo de nuestras experiencias individuales. Por ejemplo, puedes sentir ira en un rango entre ligeramente perturbado e ira absoluta. La otra parte compleja de las emociones radica en que podemos sentir una mezcla de emociones, es decir, que podemos sentir diferentes emociones simultáneamente o en secuencia, incluso en polos opuestos del espectro.

Respuesta Psicológica

Este concepto es relativo a los sentimientos que experimentamos con señales dentro de nuestro cuerpo. Estas respuestas pueden ser que tu corazón comience a latir más fuerte cuando ves a alguien que realmente amas, o tu estómago revuelto cuando experimentas ansiedad. Éstas señales físicas son una respuesta controlada por el sistema nervioso automático (SNA), el cual puede también mantenerte fuera de peligro, ya que se conecta a nuestra respuesta de afrontar o evitar. Estas reacciones pueden también ser experiencias profundamente asentadas que fueron tan poderosas que se manifestaron físicamente por si solas.

Respuesta Del Comportamiento

Cuando expresamos nuestras emociones, estamos teniendo una respuesta del comportamiento. Exteriorizamos esto y es la forma de emoción más expresiva, y usualmente las demostramos utilizando nuestro lenguaje corporal y durante situaciones cotidianas. Podemos interpretar nuestros estados y los de los demás a través de ésta emoción expresiva.

Nuestras condiciones físicas, genéticas, creencias y tradiciones culturales, todas influencian nuestras emociones. La gente a nuestro alrededor puede incluso disparar estas emociones, por ejemplo, cuando tenemos una respuesta automática al devolver una sonrisa.

Las condiciones físicas son complicaciones médicas que pueden traer cambios en nuestras emociones. Cuando padeces una enfermedad cerebral, lesión, trastorno de tiroides o diabetes, esto puede cambiar nuestras respuestas emocionales dramáticamente.

La genética puede influenciar la personalidad y la estructura cerebral de un individuo o de una familia. No puedes alterar tus genes, pero puedes alterar tu mente. Estas emociones pueden expresarse o reprimirse dentro de la unidad familiar.

Las creencias y tradiciones culturales pueden experimentarse en una base individual o grupal. Estas emociones pueden ser controversiales para personas de otros orígenes, como alguien que tiene una opinión acerca del comportamiento de otro y es visto como una acción negativa por ir en contra de sus propias creencias.

Sentimientos de Compasión, Simpatía y Empatía

Comúnmente intercambiamos los términos de compasión, simpatía y empatía; sin embargo, no son sinónimos. Cada uno de ellos tiene un significado diferente, aunque cercanamente relacionado. La compasión es la complacencia de quitarle el sufrimiento a otro; La simpatía es tu entendimiento sobre los sentimientos de otros; La empatía es sentir del mismo modo que otros sienten. Veremos más de cerca cada uno de ellos.

Empatía

Estos son sentimientos que usualmente relacionas cuando ves a alguien que que está sufriendo; sin embargo, puedes relacionarte con otros y sentir lo que ellos sienten dentro de cualquier parte del rango de emociones disponibles. Este es el motivo por el cual los científicos lo llaman neuronas espejo, lo cual nos ayuda a tener una conexión más profunda con otras personas reflejando sus emociones y sentimientos.

Ésta es una respuesta natural de parte de individuos sensibles o empáticos, pero es una emoción en la cual puedes trabajar su desarrollo. Si alguna vez oíste la frase "ponerte en los zapatos de otro", este escenario es exactamente el caso en el cual podemos usar esta técnica de visualización. La mayoría de nosotros no puede entender cada aspecto de las emociones que sentimos a causa de nuestra unicidad, asique en el mismo punto, estrías probablemente utilizando esta visualización. A veces no necesitarás de esta visualización porque te guiarás por lo que el lenguaje corporal del otro te está diciendo.

Simpatía

Cuando entiendes lo que otro está sintiendo, puedes imaginar la situación fácilmente, incluso sin tener todos los detalles. Cuando descubres más información, eso puede ya bien profundizar tu simpatía o cambiar el entendimiento de los sentimientos de esa persona, para tener una mejor comprensión de la situación. La simpatía está un paso arriba de la empatía por que no sientes físicamente lo que otros sienten, pero puedes entender y relacionar de dónde vienen esos sentimientos. Un ejemplo excelente de esto es cuando el amigo de un familiar fallece, y entiendes de primer mano su situación porque un familiar tuyo falleció anteriormente. Ten en cuenta que no es necesario que tengas una vivencia similar para ser simpático.

Compasión

La compasión es la conexión más profunda que puedes tener con los demás porque combina ambos sentimientos de empatía y simpatía—

reconoces sus sentimientos, y entonces puedes sentirlos. El resultado es que tratas de asistir a esta persona de cualquier manera posible para mejorar su situación. Nuevamente, no necesita ser un escenario terrible, pero la compasión usualmente está ligada a la desesperación porque la raíz del significado de compasión es "sufrir con." Así como lo sugiere la definición, te encuentras en el mismo espacio etéreo que esta persona, así es que ellos no están ni se sienten solos en lo que les está ocurriendo.

Hay cuatro pasos que te llevarán a una compasión genuina:

- Noción del sufrimiento
- Una preocupación simpática de sentirse movilizado emocionalmente por el sufrimiento
- Desear alivio o el fin de un dolor
- Tomar acción en asistir en el confort o finalización del sufrimiento

Cuando aprendes estos pasos, practicarás una atención plena similar a la de los budístas, lo cual solidifíca tu conexión con otros individuos y el entorno que los rodea. Este pensamiento te trae al momento presente en donde no te estás preocupando por nada más.

El sentimiento de Compasión puede tomar muchas formas. Quizás necesites ayudarlos físicamente. Otras veces deberás ser todo oídos, sin juzgarlos. Quizás ellos necesitan apoyo emocional o ser guiados. A veces la gente no quiere estar sola. Porque estás conectado con estos individuos en un nivel más profundo, es que sabrás de manera innata las preguntas o acciones que debes tomar o preguntar, dado el caso.

Los Fundamentos De Los Pensamientos

Los pensamientos son una materia mucho más amplia y compleja. Mano a mano con las emociones, los pensamientos son nuestras creencias, opiniones e ideas distintas de nuestras emociones. Son el modo en que nos percibimos y digerimos a nosotros mismos y cómo creamos el mundo que nos rodea de acuerdo a nuestra educación, genética y experiencias de vida. Nuestros pensamientos no son permanentes, con lo cual, como resultado, podemos moldearlos y cambiarlos a nuestra voluntad.

Los pensamientos pueden desencadenar emociones como resultado de nuestros sentimientos. Lo que pensamos acerca de las emociones que desencadenamos dentro de nosotros tiene un impacto directo en cómo nos sentimos con nosotros mismos y cómo reaccionamos a diferentes situaciones. Digamos que le tienes miedo a los perros, y estás caminando con una amiga que no tiene este miedo. Prestarás especial atención a cualquier perro que pase junto a tí y notarás si se acerca demasiado a tí, probablemente causando un sentimiento de ansiedad en tí. Por otro lado, tu amiga quizás quiera acercarse al perro porque ella percibe su acercamiento como amigable.

Bucles De Proceso De Pensamientos Negativos

Es muy común para la gente quedar atrapada en bucles de proceso de pensamientos negativos y penalizar o regañarse a sí mismos por estar teniendo este tipo de pensamientos. Cuando ves ésta situación de una manera lógica, recuerda que dos negativos no hacen un positivo. Nosotros, como sociedad estamos acostumbrados a recibir elogios perjudiciales, ya que esto es lo que más llama la atención de otros, incluyendo la niñéz. No es una coincidencia que la mayoría de los niños reconozcan la palabra "no" para cuando tienen apenas dos años de edad.

Es muy común para la gente quedar atrapada en bucles de proceso de pensamientos negativos y penalizar o regañarse a sí mismos por estar teniendo este tipo de pensamientos. Cuando ves ésta situación de una manera lógica, recuerda que dos negativos no hacen un positivo. Nosotros, como sociedad estamos acostumbrados a recibir elogios perjudiciales, ya que esto es lo que más llama la atención de otros, incluyendo la niñéz. No es una coincidencia que la mayoría de los niños reconozcan la palabra "no" para cuando tienen apenas dos años de edad.

Con toda honestidad, nuestras mentes se quedan en el marco de un estado infantil debido al condicionamiento que hemos recibido a lo largo de nuestras vidas. Hemos justificado y reforzado estas circunstancias de condicionamiento haciendo lo que queremos hacer de nuestras vidas.

Muchos de nuestros pensamientos se centran en las cosas que no queremos hacer más bien que en lo opuesto a ello. Sin embargo, puedes accionar el interruptor en tus pensamientos utilizando lo negativo positivamente, es decir, "No quiero que mi vida sea así." Es tú responsabilidad recuperar tu mente reescribiendo estos bucles de procesos negativos del pensamiento.

Enfrentando Desencadenantes Emocionales

Hay unos cuantos métodos que puedes seguir para practicar reducir tu reacción a eventos estresantes. El más común de todos es respirar profundo para ayudar a calmar tu cuerpo. Ésta práctica no sólo te mantendrá alejado de decir cosas de las cuales podrías arrepentirte una vez que

te hayas calmado, sino que también bajaría tu ritmo cardíaco y liberaría la tensión de tus músculos. Tomaría tan solo cinco minutos de inhalaciones profundas para devolver tu cuerpo a un estado de calma. Mientras estás respirando, es muy beneficioso enfocarte en algo que te de felicidad o incluso exhalar toda tu ira con cada respiro.

Mira tu lista de desencadenantes emocionales e intenta cambiar el modo en que ves cada uno de ellos. Pueden mostrarte casos en donde puedes perdonar y dejar ir. Como ejemplo, puedes ponerte extremadamente molesto con las acciones de otra persona que desencadena tus emociones porque te recuerda a tí mismo efectuando las mismas acciones. Si no te gustaron esas acciones cuando las efectuaste, entonces ver a otro haciendo lo mismo podría recordarte las partes de tí que no te agradan.

Sin embargo, si tu ves las mismas acciones en otros y realmente te perdonas por como solías actuar, entonces podrás despegarte de esos sentimientos. Borrarás el desencadenante y lograrás que ya no te afecte de ahora en adelante, y permitirás que otras personas sean quienes son entendiendo que todos debemos aprender ciertas lecciones.

Una vez que domines el control de tus emociones, quizás debas encontrar una salida que te permita liberarlas, así no pueden herirte subconscientemente. Cada uno de nosotros es diferente respecto a esto, pero algunos ejemplos le hablan a alguien que puede ser objetivo acerca de tus sentimientos, o que pueda escribir estos sentimientos en un papel. Otras personas pueden emplear ejercicios más vigorosos, como artes marciales o kickboxing, para liberar sus emociones. Algunos incluso pueden optar por la calmada ruta de la meditación y los mantras para devolverse a su propio eje. Elige un método que resuene contigo, y será una herramienta mágica que te ayudará a controlar tu intensidad, mente y pensamientos.

Reescribiendo Los Bucles De Proceso Del Pensamiento

Cuando estamos reescribiendo nuestros bucles mentales, necesitamos tener mucho cuidado, ya que tus pensamientos definen tus acciones. Asique incluso declaraciones tan positivas como "Tengo absoluto poder sobre mis enemigos" y

"Soy la persona más importante del mundo" pueden concluír en hábitos dañinos y comportamientos que te destruirían a tí y posiblemente a otros. Como dicen, ten cuidado con lo que deseas. Conocer el poder de la afirmación de tus declaraciones puede ayudarte inmensamente.

Piensa un poco al crear estas frases, pero no debería ser un ejercicio demasiado complicado. Algunos consejos para ayudarte son:

- Usa la palabra "Yo"—enmarca la frase utilizando la primera persona, ya que tú eres quien tiene el control. En lugar de decir "autoestima," piensa "tengo autoestima."

- Pregúntate a tí mismo, "Qué quiero?" sé gentil y corto en tu respuesta, tal como "ser amable conmigo mismo." No quieres ser autocrítico.

- Sueña en grande. Piensa de qué manera puedes "ampliar lo que creo que es posible," y puedas empujarte a ti mismo y alcanzar las estrellas. Sin embargo, manténlo dominado. Dí algo como, "Soy una persona exitosa que tiene un gran impacto en el mundo."

- Fomenta el valor preguntándote a ti mismo, "Cómo puedo contribuir a mi comunidad con todo mi potencial?"

Tu respuesta debería ser como, "Cuando tengo oportunidad, comparto mi talento y mis conocimientos con quienes me rodean."

El Poder De Pensar Positivamente

El pensamiento positivo es una herramienta excelente porque ayuda a establecer un entorno donde puedes creer que todo es posible. Cuando enfocas tus pensamientos en lo positivo, tus acciones harán lo mismo. Cuando puedes actuar positivamente, incluso en situaciones difíciles, verás cambios tangibles.

Cuando te enfocas en pensamientos positivos, también puede ser de ayuda decir estas palabras alentadoras para nosotros mismos. Esta es una táctica que las fuerzas militares y los propietarios de corporaciones utilizan durante situaciones altamente estresantes. Si puedes construirte una pequeña charla, puedes incrementar tu nivel de autoconfianza y ayudarte a sobrellevar tus temores. Ataca estos desafíos desde la perspectiva misma de que son desafíos y no problemas que debes sobrellevar.

También puedes utilizar esta idea de pensamiento positivo cuando trates con otras personas. Cuando aplicas la regla de oro de tratar a los demás del modo en que te gustaría ser tratado, no solo mejorará tu imagen personal, sino que la imagen personal de los demás también mejorará. También puedes ir más allá con esta idea y utilizarla en torno a tí, asegurandote de estar cuidando salud y bienestar.

Por cada pensamiento negativo que tienes sobre ti mismo, desafíate a descubrir cinco pensamientos positivos. tómate al menos medio minuto en pensar en cada una de las cosas positivas para entrenar tu cerebro. Enfocandote en pensamientos positivos, más que en los negativos, te dará más fuerza para inclinar tu energía hacia lo positivo. Ésto traerá más pensamientos positivos durante el día.

Si tienes dificultades para encontrar cosas de las cuales estar agradecido en tu vida, inspira profundamente. Aún sigues leyendo esto, asi que tienes una gran razón por la cual estar agradecido. Cuando eres capaz de cambiar tu perspectiva para notar cosas que das por sentado, encontrarás una suma abundante de cosas por las cuales estar agradecido en tu vida.

Cuando te sientes bien sobre tu experiencia de vida, construyes la confianza necesaria para saber que tienes un lugar magnífico en este mundo. Que habrá tiempos difíciles mientras emprendas tu viaje es algo inevitable. Sin embargo, puedes agregar algo a tu cinturón de herramientas que te ayudará a mantener tu confianza a un nivel saludable en estos tiempos duros.

Tómate el tiempo de sentarte y escribir una lista de todas estas cosas, grandes y pequeñas, de las cuales estás agradecido o agradecida. Cuando hayas completado esta tarea, escribe una lista por separado de todos los logros de los cuales estas orgulloso u orgullosa. Cuando completes estas listas, ponlas en algún lugar donde siempre te sean visibles, ya sea en tu refrigerador, el espejo de tu baño o junto al escritorio de tu oficina.

Asegurate de leer estas listas todos los días. Te recordarán sobre las personas asombrosas y las cosas que has logrado en esta vida. Si estás teniendo un día especialmente difícil, asegúrate de tener estas listas al alcance de tu mano, así puedes leerlas cuantas veces sea necesario durante el día para levantar tu espíritu. Con suerte te inspirarán a recordar estos atributos y sentir una sacudida de tus niveles de confianza.

Recuerda que construir tus niveles de autoestima y confianza tomará cierto tiempo. No seas tan duro contigo mismo si en algún momento fallas. Fallar es parte de la vida, pero cómo respondas a estas fallas será lo que determine de qué manera continuarás viviendo tu vida. Si dejas que todo te deprima, continúa enfocado o enfocada en estos pensamientos y creencias.

Capítulo Dos:

El Funcionamiento Interno De La Mente

Leer la mente de las personas suena como a algo sacado directamente de una película de ciencia ficción. Poseer la habilidad de leer a otras personas, y a ti mismo o a ti misma, sin embargo, no es una fantasía.

Puedes aprender mucho acerca de una persona simplemente siguiendo unas cuantas técnicas, y es ahora cuando puedes obtener visión en cuanto a la profunda conexión entre otras personas y tú. Leer a otros te asistirá positivamente en tu trabajo y en tu vida personal y social.

Los Pasos Para Leer La Mente De Alguien

El primer paso para lograr obtener este talento es tener una **mente abierta** y **objetiva**. Necesitas desconectar tus experiencias y emociones de las personas y situaciones con las cuales entras en contacto. Esto asegurará que no manches la información que recopiles con tus opiniones e impresiones personales. Elimina los prejuicios que pueden haber surgido al inicio, lo cual te permitirá leer a las personas objetivamente. Si te acercas a alguien con una lógica simple, sólo obtendrás una parte de la historia. Permitirte notar las señales no verbales que la gente te muestra llenará los huecos. Quedándote en un marco neutral y realístico de la mente te dará la información más precisa sin vueltas ni distorsiones.

Fíjate en la **apariencia externa** y en la ropa que visten otras personas. Esto te mostrará sus características, por ejemplo, alguien vistiendo ropa casual puede que disfrute de sentirse cómodo, mientras que alguien vistiendo un traje y corbata puede lucir ambicioso. Otros accesorios como collares, sombreros o brazaletes también te darán pistas sobre aspectos de su carácter.

Otros factores identificativos como anillos, tatuajes, logotipos o consignas pueden también revelar la identidad de las personas, como que ellos no se tomarían el tiempo de comprar y adquirir y vestir estos artículos si no fuesen significativos para ellos. Estos factores permiten a la gente mostrar sus valores particulares, metas, y actitudes. Las personas sienten que estos artículos los definen de un modo específico, o están orgullosos de estos aspectos de sí mismos, asique usan componentes tangibles para compartirlos con el mundo.

Mirando de cerca las características del lenguaje corporal de alguien puede ser muy revelador, ya que mostrará mucho acerca de cómo una persona se siente y piensa a través de claves no verbales. ¿Recuerdas cuando eras pequeño o pequeña, y como con una simple mirada de tu padre o de tu madre ya sabías exactamente lo que querían decirte? El lenguaje corporal dice mucho sin decir una sola palabra.

Cuando buscas estas pistas, observa a los ojos del otro, sus brazos, su postura y sus expresiones faciales. Cada parte del cuerpo puede brindarnos datos indicadores de si ellos están entendiendo, si están molestos o escuchando lo que tú dices.

Algunas de las claves no verbales que debes tener cuenta a incluir:

- **Alejarse físicamente de tí**: Esto demuestra que el participante está cerrado.

- **Elevan su voz**: El otro puede sentirse extremadamente vinculado emocionalmente. Asimismo puede sentir que no está siendo escuchado o entendido.

- **No hacen contacto visual**: Este es un signo de que no se sienten cómodos con el tema, o que están mintiendo. Alternativamente, pueden sentirse avergonzados, o no están interesados en hablar del problema.

- **Brazos cruzados**: La persona puede sentirse cerrada y quizás no sea responsiva o no logre entender lo que estás diciendo. Puede que también adopten una posición defensiva.

La **postura** de una persona también puede decir mucho de acerca de sus rasgos personales. Por ejemplo, si una persona está encorvada, esto significa que es insegura, aunque mantener su cabeza erguida sea un signo de seguridad y coraje. El modo en que caminan sigue la misma iniciativa. Si están vagando sin rumbo, puede que tengan problemas de autoestima; Alguien que camina con un propósito probablemente se sienta con valor y autoestima.

También podemos hacer conexiones a través de los movimientos del cuerpo cuando sus palmas están extendidas o la persona se inclina sobre tí durante la conversación. La persona, en este sentido, puede ser honesta contigo y no estar poniendo un muro en medio.

Las **expresiones faciales** pueden recorrer un largo camino en la determinar qué está ocurriendo en la mente de una persona. Hay varios tipos de caras que podemos interpretar, tales como labios fruncidos que denotan amargura, desprecio y bronca; mientras que veremos patas de gallo en una persona que está riendo genuinamente. Aprovecha al máximo las **pequeñas conversaciones** cuando necesites familiarizarte con una nueva persona. Ésto te dará pistas de cómo esta persona actúa en situaciones típicas, las cuales podrás usar como punto de referencia para determinar cuándo tenga actitudes fuera de lo común.

Crear una base de las acciones de otra persona es un aspecto esencial de tener la capacidad de leer a otras personas acertadamente. Cuando conoces las emociones y comportamientos comunes de esa persona, vas a saber inmediatamente si se siente ansiosa o nerviosa. Cada persona es única y no hay excepción en el modo en que la gente se expresa externamente.

Si debes entender una situación y saber cómo se sienten, debes **hacer preguntas directas** en lugar de preguntas vagas o incluso meras suposiciones. Formula tus preguntas de manera que las respuestas deban ser precisas. Sé cortés con las otras personas y no las interrumpas durante sus respuestas, y cambia tu atención a sus señales corporales y ademanes mientras hablan.

Puedes reunir pistas ocultas sobre lo que la gente dice, no es que ellos traten de ocultar información. Podría haber **significados implícitos detrás de lo que ellos dicen**. Como ejemplo: "Decidí comprar el Honda en lugar del Subaru" quiere decir que usualmente ellos se toman su tiempo para pensar las cosas detenidamente, sopesar las opciones y que no son impulsivos en cuanto a grandes compras. Este tipo de accionar en las palabras puede darte una percepción más profunda acerca de cómo piensa la otra persona.

Además de prestar atención a las palabras que usen, el **tono de su voz** también te dará información. the tone of voice will give you information too. Te mostrará las emociones que esta persona está sintiendo, incluso cuando tratan de ocultarlas. Nota si su voz suena quejumbrosa, insolente, abrasiva o calmante para tener una idea de cómo se sienten acerca de la situación a la cual se están refiriendo.

Sigue tu intuición cuando hables con alguien, especialmente la primera vez, Definirá si vas a llevarte bien con esta persona si son malas noticias. Deberías confiar en esta reacción visceral, ya que es un mecanismo interno que siempre tiene los mejores intereses en el corazón. Es tu respuesta primaria para calificar si puedes confiar en esta persona. Pero también es importante decir que **no saques conclusiones ni hagas conjeturas**. Aquí es exactamente donde puedes quedar atrapado leyendo a una persona de un modo incorrecto. Tampoco deberías poner sobre la mesa ningún tipo de juicio cuando estés leyendo a otra persona. Si esto ocurriera, debes hacer preguntar para acreditar o desacreditar tus sentimientos. Utiliza esta oportunidad para despegarte de la otra persona y poder leerlos apropiadamente mientras escuchas sus respuestas.

No necesitas hablar con la gente para leerlas apropiadamente, recomiendo la **práctica de observar a las personas** para poder afilar tus habilidades con el lenguaje corporal. Ni siquiera debes dejar tu casa para practicar—puedes intentarlo enmudeciendo tu televisor y leyendo a los actores en la pantalla. A mitad del show o de la película, sube el volumen para ver si pudiste seguir el hilo de la historia sin las palabras anteriores.

Cuando le haces preguntas específicas a las personas tratando de tener una idea acerca de qué piensan, querrás **mantener tus palabras al mínimo y dejar que ellos hablen más**. Mientras ellos hablan, asegurate de estar escuchando y observando simultáneamente. Es posible escanear el cuerpo completo de otra persona usando la visión periférica mientras mantienes contacto visual. Mantener el contacto visual con el otro consistentemente automáticamente construirá la confianza entre ustedes dos.

Cuando lees a otra persona, también **nota todas las señales, negativas y positivas**. La gente por lo general ve lo negativo o los aspectos fuera de lo común de otra gente. Quizás ellos tengan un tatuaje extraño o se visten de determinada manera que les resulta raro. Debes direccionar tu atención a estos aspectos de la persona, pero no debe ser la base completa de tu evaluación; De otro modo no tendrás una lectura completa o imparcial de esta persona. Enfócate en la foto entera, lo bueno, lo malo y lo feo.

Cuando puedes expresar tus sentimientos, no sólo dependerá de tu relación; también te ayudará a aprender más sobre toda la gente del mundo. Cuando comprendes la importancia de la inteligencia emocional, puedes enfocarte en lo que es importante para tí y para otros. Puedes usarlo tanto en tu vida personal como en tu vida profesional, ya que ambas se acoplan bien con la lectura de la mente, y te ayuda a tener una mejor comprensión de los demás.

Qué Es Exactamente La Inteligencia Emocional?

El **cociente emocional**, o **CE**, o Inteligencia Emocional, es un método que puedes utilizar para hablar de tus sentimientos eficientemente mientras navegas por las emociones de otros. Puedes usarlo en ambas, tu vida social como en tu lugar de trabajo, y es una necesidad cuando deseas formar, mantener e intensificar relaciones. Tu CE puede incrementar en la medida que aprendas a incorporar estas habilidades en tu vida, a diferencia de tu Cociente Intelectual, más conocido comúnmente como **CI**.

Una parte esencial de aprender CE es saber de qué manera manejar tus emociones negativas. Una vez que puedas superar tus emociones negativas, tomarás mejores decisiones y más precisas, y tus emociones dejarán de gobernarte. La mejor manera de alcanzar esta meta es cambiar el modo en que piensas en determinadas situaciones; elimina de tu mente todos aquellos pensamientos que automáticamente le buscan un resultado adverso a las situaciones. Esto incluye tu miedo infundado a ser rechazado.

Maneras De Practicar La Inteligencia Emocional

Cuando sigues los métodos del CE, mantendrás tu mente limpia durante situaciones estresantes y difíciles. Esto te ayudará a tomar decisiones mejor pensadas y evitará que te aferres a soluciones rápidas. Cada uno experimenta diferentes niveles de estrés durante su vida; nuevamente, cuando tus emociones no te gobiernan, no reaccionaras fuera de tiempo ni te pondrás ansioso.

Otro aspecto del CE es ser genuino con tus palabras y sentimientos, incluso momentos desafiantes. Esto requerirá que te mantengas positivo y abierto mientras te defiendes a ti mismo y defiendes tu postura. Puedes establecer límites, en este caso, para asegurarte de que la gente no te pisotee. Si algo inaceptable o intolerable se presenta, puedes, calmadamente, pero con firmeza, hablar de tus emociones con las personas involucradas y negociar lo que mejor funcione para cada persona.

Practicarás niveles saludables de CE cuando puedas estar en control de ti mismo, incluso en interacciones adversas. serás más exitoso en esto, en la medida en que te despegues de la situación en sí misma y de su resultado, lo que te ayudará a pensar más claramente.

Esto ocurrirá incluso cuando las cosas no parezcan ir como tú quieres. Usarás tu perspectiva amplia y un punto de vista diferentes para encontrar una solución que no termine por ser frustrante.

El CE será incluso útil cuando necesites hablar sobre cosas complejas y desafiantes con tu pareja. Cuando necesitas discutir sentimientos que te hacen sentir vulnerable, puedes temer ser juzgado. El CE te ayudará a deshacerte de este miedo. Mientras usas el CE, puedes construir tus relaciones en un entorno seguro que te permite mencionar tus deseos más profundos, necesidades y lo que quieres. Construirán confianza y crecerán juntos.

Usar el CE para establecer tus necesidades y límites dentro de una relación íntima es una necesidad para aquellos que conviven o pasan la mayor parte del tiempo juntos, como para aquellos que comparten largas horas de oficina. Ayudará a minimizar los malos entendidos o sentimientos difíciles cuando no satisfacemos nuestras necesidades particulares. Lo mejor es escuchar y entender, no sólo a tí mismo, sino también a la otra persona. Tus relaciones tendrán compromisos que funcionarán para los sentimientos contraproducentes de resentimiento de ambos.

Mientras usas el CE, es esencial conocerte a tí personalmente, así sabrás qué presionará los botones que te generan ansiedad y estrés. Necesitas mantener estos factores (gente y situaciones) mínimos en tu vida. Si no hay salida a verte envuelto en situaciones estresantes, necesitas utilizar los mecanismos de alivio del estrés o minimizar tu interacción con estos factores tanto como sea posible.

Escuchar activamente a otras personas es también un modo de CE. No tengas una respuesta en tu mente mientras otros están hablando y no los interrumpas mientras hablan. Ser respetuoso con otros mientras te comunicas te dará la oportunidad de escuchar sus argumentos, y tendrás tiempo de planear tu respuesta luego de que ellos terminen. Puedes entonces responder apropiadamente y prevenir malentendidos. La buena comunicación es una señal de respeto por la persona con la cual estás conversando.

La auto-conciencia se genera cuando estás en contacto con tus sentimientos y emociones, y cómo éstas afectan a los demás. Este concepto, combinado con la lectura del lenguaje corporal de la gente, la voz y sus ademanes, te permitirá tener una comunicación del más alto nivel.

Sin ofender personalmente y manteniendo firme tu autoestima, haz una crítica constructiva mientras utilizas los métodos del CE. Verás la imagen completa detrás de tus conversaciones y usarás esta crítica para mejorarte a tí mismo, y resolverás problemas constructivamente y con más facilidad. Es crucial que te separes a ti mismo de lo que otra gente dice, y puedes trabajar en la construcción de tu auto-entendimiento en el capítulo siete.

Poseyendo conciencia real no sólo de tus acciones sino también de tus palabras es una muestra de que sabes y estás usando tu CE. Una vez que practiques este concepto diariamente, podrás ajustar tu manera de actuar o hablar para honrarte a tí a quienes te rodean.

Practicar el CE, te permitirá celebrar las cosas que ocurren en tu vida. Deberás tomarte un tiempo para reflexionar sobre tus logros y esfuerzos y los de otros. Por el contrario, si se presentan escenarios negativos, necesitas afrontarlos y no escapar de ellos. Las situaciones negativas también pueden enseñarnos muchísimo acerca de nosotros mismos y de otros. No hay una escapatoria total a la negatividad; debes aprender a cambiar la importancia de tu perspectiva y tomar algo de la experiencia.

Si puedes tener una mirada neutral y desapegada de tí y tus acciones, has dominado el arte del CE. Este paso requiere que te veas a tí del mismo modo, lo cual es desafiante para la mayoría. Somos parciales al mirar hacia adentro y raramente queremos reconocer nuestras falencias, incluso si son aparentes.

Para este ejercicio, probablemente necesites a alguien que te ayude a descifrar las cosas que necesitas mejorar. Para realizar esta tarea apropiadamente, deberás conocer muy bien tus fortalezas como tus debilidades. Crea una lista. Presta atención si ves que hay patrones recurrentes que necesitas romper. Cuando termines de realizar esta tarea, continuarás mejorandote de un modo en que sólo tú puedes hacerlo.

Lo mejor es mantener tu temperamento bajo control cuando surgen emociones reactivas, lo cual es un concepto que puede parecer contraproducente. Si se te hace difícil mantener tu cabeza centrada en un propósito y necesitas expresar tu opinión, considera escribir una carta para poder exponer tus sentimientos claramente ante quienes estén involucrados.

Si estás pasando por un momento difícil, no te sientas demasiado orgulloso como para pedir ayuda. Sé lo suficientemente humilde para comprender cuando estás por encima de tu cabeza y necesitas recursos de alguien más. Pedir ayuda no te hace menos persona. Todos estamos aquí para ayudar a otros. Toda la gente de todos los ámbitos de la vida pasan por momentos difíciles.

No seas tan orgulloso como para no pedir ayuda cuando la necesitas. todos pasan momentos difíciles en sus vidas y encuentran difícil de manejar todo lo que se pone en su camino. Por lo tanto, no tengas miedo de recurrir a las diferentes habilidades y conocimientos de otras personas para trabajar en conjunto y encontrar una solución.

Mantén una perspectiva saludable poniéndote en los zapatos de otros. Mientras hagas este ejercicio, obtendrás un nuevo punto de vista que puede ampliar tu perspectiva en diferentes situaciones. Presta atención a cómo te estás comunicando no verbalmente. Las primeras apariencias lo son todo, y si aparentas ser inaccesible o que no estás interesado en hablar, la gente se dará cuenta de esta vibración. Esta impresión puede cerrarte muchas oportunidades.

Evita episodios de quejas y drama. éstos sólo crean tensión en el ambiente, lo cual es innecesario. Cuando puedes actuar responsablemente y de un modo maduro en lugar de rebajarte a técnicas infantiles, la gente te respetará más y querrá continuar profundizando su relación contigo.Niégate a quedar atascado en el pasado reteniendo los errores o decisiones que tú y otros tomaron. La vida se trata de vivir a través de los errores y aprender de ellos,lo cual ayuda a todos los individuos a crecer. Si estas experiencias no ocurren, no tendrías el conocimiento y la experiencia que hoy tienes. Abrázala tal cual es y sigue adelante. Todo lo que tenemos es este momento.

Abstenerse de ser egoísta, ya que esto disminuye tu CE. A veces debes ser egoísta, pero como regla general, esto genera falta de armonía y fracturas en tus relaciones. Si tienes problemas con el problema en cuestión, deberías considerar cómo otros se sienten y de qué manera desean sentirse incluídos, en lugar de sólo escuchar lo que es acerca de tí.

Por otra parte, no practiques ser demasiado crítico contigo y con los demás. Esto genera una división entre las personas, causa desdén, y es la manera más rápida de reducir la moral del otro. Recuerda que todos somos humanos y cometemos errores, incluyéndote a tí. Cuando veas a los demás por el tipo de persona que son, comprenderás que en el fondo todos somos iguales, así sea un empleado o un miembro de tu familia.

Capítulo Tres:

Separandote De Tu Mente

Qué es exactamente la mente?

La mente es el lado consciente de tu cerebro, el cual incorpora los sentimientos, voluntades, persecuciones, razonamiento y pensamientos a una persona.

Hay también trenes de pensamiento, los cuales algunos creen que no deberían estar separados del cerebro, mientras que otros creen que está separado del cuerpo, conocido como el alma. Usamos comúnmente el término "mente" como sinónimo de pensamientos, como podemos observar en las frases, "cambia tu mente" y "de dos mentes." No importa cómo lo definas, el hecho indiscutible es que tu mente es algo que sólo tú puedes conocer.

Tu No Eres Tu Mente

Con los siguientes ejercicios, trabajarás como observador. Escucha a la voz en tu mente, pero sólo de escuchala de un modo imparcial y sin abrir juicios. Una vez que pases estos ejercicios, comprenderás que hay una voz en tu mente a la cual has estado escuchando todo este tiempo, la cual anteriormente percibías como tus pensamientos. Sin embargo, te encuentras separado de esta voz cuando eres tan sólo un observador.

Cuando te tomas el tiempo para pensar con profundidad en estas preguntas, encontrarás que te encuentras en un extraño bucle recursivo. Tú piensas, "Si 'Yo' estoy observándome a 'Mi', entonces quien es el 'Yo' en ésta ecuación?" Asique cuando te preguntas quién eres "Tú", entras en un mundo de misticísmo y filosofía. Porque está fuera del reino de la mente y, por lo tanto, no puede tener una definición, no hay una palabra por la cual puedas llamarte "Tú." Este es el plano que eventualmente encuentras cuando practicas estas técnicas para separarte de tu mente.

Esta idea es común en las religiones orientales y ayuda a separar tu lado consciente de tu ser físico. Su creencia es que puedes simplemente observar tus pensamientos en lugar de reaccionar a ellos desde un punto de vista egoísta. Que tú no seas tu mente es fantástico para retomar el control de tus pensamientos. Exploraremos algunos métodos que podrás usar para descubrir la verdad de éste propósito por ti mismo.

Ejercicios Para Separarte De Tu Mente

Seguir estos métodos diligentemente, será el primer paso en el camino del hackeo de tu mente. Estas prácticas te ayudarán a comprender que tú no eres tu mente y cómo ser un observador de tus pensamientos y emociones.

Sé Un Observador De Tus Sueños

Mientras te acuestas a dormir, aprende de qué manera tu cuerpo se queda dormido. Dí mentalmente para tí mismo, "Sé que mi cuerpo se está quedando dormido." Permanece dentro de este estado de conciencia mientras continuas cayendo cada vez más profundo en estado de sueño. Puede tomar varias noches hasta tener éxito. Sin embargo, cuando llegas a soñar, estas en un estado de semi-despierto y semi-dormido. Entonces te vuelves un observador de tus sueños tras decir para tí mismo, "Sé que estoy soñando." Con el tiempo, te volverás más adepto a los sueños lúcidos, permitiendo visualizar tus pensamientos día y noche.

Mira Una Flor

Busca una flor y concentra tu atención en sus aspectos mientras dices internamente, "Veo la flor." Nota de qué manera percibes la flor y que ese es el objeto que tú estás viendo. Las preguntas que necesitas contestar son:

- Estoy percibiendo esta flor
- Qué elementos materiales me componen

Registra tus respuestas en un diario. Puedes también usar esta técnica en varios objetos para practicar separarte de tus pensamientos y simplemente observar.

Meditación Silenciosa

Recuéstate o siéntate en un lugar calmo y relájate. Préstale atención a tu patrón respiratorio, llenando tus pulmones, pasando a través de tu boca mientras exhalas. Pon tu mente en blanco e intenta no pensar en nada específico. Toma nota de los pensamientos que fluyen por tu mente y déjalos pasar sin reaccionar y sin juzgarlos. Enfócate en permanecer consciente mientras te desconectas de tus pensamientos.

Afirma este proceso diciendo en tu mente para tí mismo, "Soy un testigo silencioso. No trato de pensar, pero los pensamientos llegan automáticamente sin que me aferre a ellos. Soy testigo de la actividad de mi mente." Cuando logres tener éxito con este ejercicio, experimentarás cómo te separas de tu mente.

Puedes utilizar esta misma práctica cuando tus miedos, deseos, sentimientos y emociones surgen. Deja que los pensamientos floten a través de tu mente como si estuvieras viendo una película y dales libertad. Tú no eres estos pensamientos, mientras que ellos son un exceso de actividad en tu cerebro.

Si intentas detener, redireccionar o controlar estos pensamientos, vuelve un paso atrás. Reafirma que estás tratando de separarte y de ser meramente un observador y que no puedes mediar estos pensamientos para tener éxito. Es un ejercicio que debes practicar a menudo para captarlo, asique sigue así. Pronto verás los beneficios.

Visualización Para Controlar La Mente

Siéntate en una posición cómoda y encuentra un objeto aproximadamente a seis pies de distancia de tí. Mira a este objeto intencionalmente mientras observas todas sus partes, entonces cierra tus ojos y visualiza el mismo objeto con el ojo de tu mente. Manténlo en el centro de tu campo visual y evita que se desvanezca o se mueva. Retiene ésta imagen por alrededor de un minuto cuando comiences este ejercicio. Con el tiempo, extiende este tiempo a alrededor de cinco minutos.

Una vez domines esta parte del ejercicio, puedes moverte a ver objetos en 3D, desde todos los ángulos. Esto continuará ejercitando tu mente para fortalecer tu control. Cuando puedas dominar este ejercicio, comprenderás que estás en control de tu mente, y no que tú le perteneces a tu mente. Este ejercicio te llevará a poseer un gran control sobre tus pensamientos acelerados y tu mente. Ahora que hemos llegado a la conclusión de que tú no eres tu mente, veamos algunos modos con los cuales fortalecer tu mente.

Capítulo Cuatro:

Cómo Volver

A Tomar El Control De Tu Mente

Cuando disparas tus emociones negativas y tus preocupaciones, pueden salirse de control rápidamente. Sentimientos como amargura, nerviosismo, envidia, ansiedad o ira pueden escalar dependiendo de la situación.

Cuando reaccionas emocionalemnte, probablemente actuarás más en torno a las emociones negativas. Esto puede llevarte a tomar decisiones de las cuales podrías arrepentirte una vez que hayas recuperado tu centro. Podría nublar tu juicio no dejándote ver el cuadro completo y, tomarás decisiones basándote sólo en fracciones de la información.

Si permites que tus sentimientos reacciones a escenarios o personas, esto condicionará a tu mente a dominar tu vida diaria. Puedes ver ejemplos claros de esto cuando conoces a alguien que parece ser hostil y estar enojado todo el tiempo. La hostilidad no es una cualidad innata en ellos; La aprendieron con el tiempo. Estas personas nunca quisieron enfrentar las razones de su falta de control sobre sus emociones.

Hay un buen entendimiento de la regulación de las emociones, el cual se remite a cómo sentimos y de qué manera expresamos nuestras emociones. Un estudio dirigido por James Gross, un psicólogo de la Universidad de Stanford,

Teorizó que había un proceso de eventos de cuatro etapas que resultó en la estimulación de las emociones de un individuo. Primero, la situación que esperas debe llamar tu atención, lo cual te lleva a pensar acerca del significado de la escena y en cómo te afecta o debería afectarte. Cuando tienes una respuesta emocional a la situación, tendrás que, o bien actuar, o guardarte las emociones para tí.

Cómo Recuperar El Control

La buena noticia es que hay un modo de apoyarte en tus emociones, especialmente en las preocupaciones y sentimientos negativos. El mayor desafío es cuando estos te encuentran con la guardia baja en situaciones que no esperabas. Puede ser más fácil decirte a ti mismo que necesitas calmarte en lugar de dejarte llevar. Sin embargo, si continúas desarrollando y practicando estos ejercicios, fortalecerás tu poder de resolución y obtendrás un mejor manejo de tí y de tus emociones.

Primero, querrás elegir las situaciones en las cuales te involucras. No querrás involucrarte en lugares, situaciones, o personas que podrían desencadenar emociones no deseadas. Toma la lista de desencadenantes que has creado. Revísala y evalúa si alguna de ellas es una persona o un lugar en particular y mantente alejado, si es posible. Si no te gusta apurarte, sal diez o quince minutos antes de lo usual, así no sientes que llegarás tarde causando pensamientos de preocupación. Cuando ajustas tu vida para no disparar estos desencadenantes continuamente, te concentraras más y estarás más en calma cuando se presenten.

Esto también ayuda a cambiar tu modo de pensar, tus creencias y expectativas sobre ciertas situaciones. Si tienes ideas firmes sobre el resultado de ciertos casos y no termina por resultar como querías, seguramente tendrás una reacción adversa ante dicho resultado. Alternativamente, si no tienes ningún tipo de expectativas o al menos no las tienes tan elevadas, no hay manera de que te sientas decepcionado. Si ves a las experiencias como las lecciones que realmente son, sacarás siempre algo positivo de cada situación.

Si te enfocas en tí y en tus logros, en lugar de compararte con los logros asumidos de otras personas, esto te salvará de sentimientos negativos tales como la envidia. Recuerda, tú eres siempre tu peor enemigo. Si piensas que quienes te rodean están haciendo todo mejor que tú, estarás siendo más duro contigo de lo que realmente mereces. Siéntete orgulloso de tus logros, no importa cuán pequeños parezcan. Estás trabajando en seguir adelante y mejorarte, y esto es algo de lo cual nunca deberías sentirte culpable.

A pesar de que puede presentar un desafío y tomar una cantidad decente de voluntad, minimizar o eliminar tus reacciones inmediatamente tras la activación de cualquiera de tus desencadenantes emocionales te ayudará a obtener control sobre tus emociones inmensamente. Todos somos humanos, y reaccionaremos a las situaciones en nuestras vidas. Sin embargo, cuando llegas al punto de no involucrarte sentimentalmente cada vez que no sale como quieres, esto minimizará el número de acciones y palabras que realices durante estos momentos intensos. Esto te salvará de hacer y decir cosas de las cuales puedas arrepentirte luego, y te permitirá dominar los desencadenantes y tus emociones.

Tu Patrón De Pensamientos Y Tu Voz Interior

Tu voz interior puede ser tu crítica más dura. Has notado como te deprimes consistentemente? Piensas que tu voz interior es equívoca o hiperactiva? Si este es el caso, es hora de tomar el control. Cuestiona a tu ser interior y desafía sus palabras.

Como ejemplo, si tu voz interior dice que eres un fracaso, pregúntate a ti mismo cómo es que eres un fracaso y provee pruebas de ello. Igualmente, ofrécete evidencias para desaprobar la declaración que recorre tu cabeza. Cuando te acercas al diálogo negativo de esta manera, rápidamente notarás su autenticidad y decidirás cambiarlo. Alternativamente, sabrás si es incorrecto, y necesitarás reprogramar tus patrones de pensamientos.

Trata de entender tus pensamientos. Cuando ves que las cosas por las cuales te preocupas ya no tienen sentido, trata de enfocar tus pensamientos en algo más. Si te detienes en las cosas malas que podrían pasar, trata de reenfocar tus pensamientos sobre resolver problemas.

También, acepta que sólo eres humano. No puedes saberlo todo y no puedes controlarlo todo. Es también imposible para tí predecir el futuro. Asique, deja de preocuparte por cosas por las cuales nada puedes hacer. Hazte un favor y trata de ser más suave contigo mismo.

Quiero que aprendas a ver las cosas que te preocupan y que tengas el poder de repararlas. Preocuparte va a solucionar las cosas? Toda esta preocupación está logrando algo, o sientes que estás corriendo en círculos?

- Si es algo sobre lo cual tienes el poder de hacer algo, por qué no lo solucionas activamente en lugar de perder el tiempo preocupándote por ello?
- Si es algo por lo cual no puedes hacer nada en este momento, qué necesitas para solucionar el problema? Qué pasos debes dar para dejar de preocuparte tanto y enfocarte en el aquí y ahora?
- Si es algo por lo cual no puedes hacer absolutamente nada, hay algún motivo para siquiera pensar en esto? Quizás sea mejor cambiar tus pensamientos a algo más positivo o hacia un problema que puedas manejar constructivamente.

Sé que no es tán fácil como lo hago sonar, pero trata de cambiar tu enfoque a tu favor.

Preocuparte no te ayudará a resolver nada. Quizás es hora de que adoptes un enfoque orientado a la resolución de problemas.

Reclamando Atención

Para reclamar atención apropiadamente, tendrás que hacer un inventario completo de las posibles distracciones en tu entorno. Una vez que tengas esta lista, necesitarás reducir o eliminar cada una de ellas. Estos cambios en el estilo de vida son a menudo pequeños, pero cuando puede reducir cada uno de ellos, tendrá un impacto considerable. Esto es debido al resultado del enfoque y productividad que estás recibiendo a cambio.

Reentrenando tu concentración

Este ejercicio es un juego mental que ayuda a calmar la mente mientras se fortalece al mismo tiempo. Necesitas acercarte a las estrategias del hackeo mental con pura intención y dedicación y siendo capáz de integrar tantas como puedas a tu estilo de vida actual. Piensa en estos juegos como un componente mental en el cual todo lo demás se construirá.

Estas estrategias no son una lección de una sola vez sino un conjunto de habilidades básicas para la vida que mejorarán cada parte de tu vida. Si eres una persona de negocios, te darán una ventaja competitiva en tu lugar de trabajo. Si eres padre o estás en pareja, comprenderás que tendrás más claridad mental y más calma. Los métodos del hackeo mental pueden crear un entrenamiento una base de entrenamiento para tu mente a la vez de darte confianza, equilibrio y enfoque. Piensa cada una de las siguientes estrategias como hábitos que necesitas solidificar en tu vida diaria.

Hay un concepto sobre el control de la atención, del cual los así llamados atletas de la memoria son adeptos. Esta es una habilidad aumentada de concentración que significa elegir a qué prestarle atención y qué cosas ignorar. Con tantas distracciones en el mundo entre una marea de dispositivos tecnológicos, mascotas, familia y ruido blanco en las ciudades, es muy fácil para cualquiera distraerse. Quizás puedas adaptarte a estos ruidos con el tiempo, pero en la mayoría de los casos romperá tu concentración.

Atención Versus Distracciones

Hay un dicho que dice "la atención es errante," lo que significa que no controlas tu atención o tu cerebro. Con las distracciones de tu entorno, tu concentración siempre es errante sin importar el esfuerzo que pongas en ella. En tu vida habrá distracciones de las cuales no podrás escapar, tales como compañeros de trabajo que no comprenden lo que es el espacio personal, o jefes que quieren que siempre estés detrás de sus llamados. Aún así tienes la opción de encontrar un trabajo más pacífico o trabajar por tu cuenta desde casa.

Pero incluso en el hogar, hay—posiblemente—incluso más distracciones. Tienes tantos accesorios en tu casa que sonarán cuando completen sus tareas, relojes que repican, televisores generando batifondo, o entregas de paquetes y pizzas. Esto sin incluir a las demás personas en tu hogar, incluyendo a tus peludos seres amados.

Sin embargo, tienes otras distracciones innecesarias en la cima de la lista sobre las cuales sí tenemos el control. Estas interrupciones son las que permitimos en nuestras vidas por pereza, hábito, o por haber crecido sin ser conscientes de ellas. Abordar estas distracciones te hará más feliz en líneas generales, te hará concentrar más en tus tareas, y verás un incremento en tu productividad. También notarás que tu nivel de ansiedad una vez que comiences a tachar items de tu lista de quehaceres.

Cuando eres constantemente bombardeado con alarmas y notificaciones de tu teléfono y tu computadora, esto puede romper tu atención inmediatamente. Puedes no saber la cantidad de distracciones a las que te expones hasta no crear un inventario detallado. Estas distracciones le suman desorden a tu mente mientras más notificaciones harán aflorar otros pensamientos en tu cabeza. "Oh, ese debe ser mi novio enviándome un meme de gatitos como siempre lo hace" o "Quién me ha enviado un email de trabajo a esta hora?" Todo por una notificación. Sumalas durante más de una hora y te sorprenderá haber hecho algo en un día.

Es difícil entrenar nuestros cerebros para no reaccionar a estas distracciones porque es parte de la naturaleza humana no dejar cabos sueltos. Es difícil para nosotros también no saber qué está ocurriendo en este preciso momento. No podemos encontrar en nosotros mismos darle la oportunidad a nuestros cerebros de descansar o prestar atención a la tarea en cuestión. Sin embargo, hay una manera de romper con estos hábitos y crear otros nuevos. Algunas de estas tácticas pueden ser más simples que otras, pero es por tu propio bien. Una vez que veas los beneficios de seguir estas sugerencias, me lo agradecerás.

Mensajería Instantánea

Si pareces no poder cerrar la ventana de chat durante el día, deja pronto éste malísimo hábito. Necesitarás, cuando menos, ponerte en estado "ausente" o, incluso mejor, desinstalar las aplicaciones de tu teléfono. Cuando estás siendo continuamente distraído aleatoriamente por las notificaciones, esto quita tu atención de tu tarea actual. Y es un regalo que te sigue dando cuando comienzas una conversación. Sin embargo, tú también saltas de un lado a otro de tus responsabilidades en segundos entre sus respuestas. Es altamente beneficioso para tus niveles de productividad mantenerte alejado de aplicaciones de chat.

Mensajes de texto

Estos lideran el ranking de los mensajeros instantáneos mientras consumen tu concentración por períodos de tiempo más extensos. Esto es algo difícil si tienes hijos pequeños o familiares que necesitan de tu cuidado. Puedes poner tu teléfono en modo silencioso y reservar un tiempo específico del día para responder mensajes. Alternativamente, puedes esperar a encontrarte entre tareas en lugar de contestar instantáneamente los mensajes. Pero recuerda apagar las notificaciones; de otro modo, tu reacción instintiva al escucharlos, estés o no en horas de silencio, será de responder.

Internet

Internet puede contener muchísimas distracciones, y posiblemente sea la peor distracción de la era electrónica ya que puede absorberte rápidamente. Puedes empezar por chequear tus cuentas en redes sociales, y antes que lo sepas, estarás viendo videos de un grupo de cachorritos corriendo junto a un niño. Si bien es adorable, necesitas limitar el tiempo en internet como recompenza al finalizar el tiempo de enfocarte en tu concentración en tareas. Esta es una manera de cambiar una potencial distracción de larga duración por algo positivo. Te asegurarás de terminar tu trabajo, y te motivará a ponerte al día con las noticias de tu cuenta de Instagram.

Notificaciones Visuales Y Audibles

Los desarrolladores de aplicaciones y software han hecho investigaciones masivas para establecer tu interés en sus productos. Para atraer tu atención, han desarrollado varios enfoques para poner tu atención en sus aplicaciones—entre beeps, notificaciones, mensajes e iconos que surgen en tu teléfono en los momentos menos oportunos. Está arraigado en tu mente estar en el bucle de de lo que está ocurriendo. Asique, pon tu teléfono en modo silencioso o configura tus aplicaciones para que te envíen notificaciones en ciertas horas del día. Te hará sonreír cuando veas que tienes veinte notificaciones tardías, sabiendo que lograste más que chequeando cada una hora o dos.

Medios De Comunicación

El televisor es algo que enciendes apenas vuelves a casa para tener un poco de ruido blanco de fondo? O quizás escuches un podcast en el momento en que pones tu auto en marcha. Nosotros, como sociedad, podemos volvernos fácilmente adictos a los medios de comunicación. Podemos vernos atrapados en ver una temporada completa de una serie en Netflix o ver a nuestros equipos favoritos luchar contra sus rivales.

Trata de romper este hábito manteniendo un nuevo y positivo hábito de silencio que gobierne el día. Puedes establecer un sistema de recompensa como comer palomitas de maíz mientras es tiempo de relajarse sin preocupaciones ni tareas durante las últimas horas del día. Con elevados niveles de productividad, habrá tiempo.

Correo Electrónico

Hay una cantidad excesiva de correos que golpean nuestras bandejas de entrada, muchos de los cuales podemos bien ignorar o enviarlos a la papelera. Que tal tomarte el tiempo para darte de baja de correos de boletines informativos o de compañías que jamás leerás? Solo por realizar esta tarea, te salvarás de tener que borrar docenas de correos que aparezcan en tu pantalla.

No Desperdicies Tu Precioso Tiempo

Cuando tengas tu lista de distracciones, configura un temporizador, y gasta una hora en reducir o eliminar estas molestias. Presta atención a la campana cuando suena; de otro modo, caerás en la trampa de querer generar un entorno silencioso, lo cual es virtualmente imposible. Si no terminas ese día, programa otro día de limpieza más adelante, el cual seguramente sea el caso. Luego de tener un entorno de tu agrado, pon un recordatorio en tu calendario or establece un día como el primer día del mes para repetir el proceso según sea necesario.

Capítulo Cinco:

La Ciencia Del Hackeo Y Depuración De La Mente

Vivimos en una hermosa era tecnológica acoplada con la ciencia, la cual ha hecho más descubrimientos fantásticos a lo largo de las décadas. Ha habido algunos avances significativos en la neurociencia que nos han ayudado a entender mejor nuestros cerebros y cómo funcionan. Incluso hemos encontrado formas de manejar mejor los pensamientos y acciones siguiendo las técnicas del **hackeo mental**.

El principio básico del hackeo mental es una forma moderna de atención plena, la cual es una mejora de cómo vivimos nuestras vidas. Esto puede funcionar en todas las áreas de tu vida, no importa si estás solo, en pareja, padre, madre, dueño de un negocio o jubilado.

Cualquiera puede implementar las ideas del hackeo mental para obtener más control sobre su vida y sus pensamientos.

Viendo la mente como una computadora, puedes hackear el cerebro desde adentro y desfragmentarlo, como dirían en términos tecnológicos. La desfragmentación remueve los errores que hacen que la red de tu cerebro se obstruya con tonterías, recurriendo a procesos de pensamientos, y ciclos. Similar a tu computadora, cuando todas éstas disfunciones pesan en el cerebro, no puede operar suave y eficientemente. Cuando usas el hackeo mental, fortaleces tu mente, causando que estés más enfocado, que seas más productivo y exitoso.

La línea de fondo del hackeo mental será interrumpir los patrones de pensamiento constantes que te condicionan desde tu nacimiento. Cuando puedes interceptar estos pensamientos, puedes crear patrones nuevos y más positivos que causan que causan un incremento de tu claridad mental. Cuando hayas optimizado el poder de tu cerebro, te concentrarás en tareas fácilmente, completarás proyectos eficientemente, y te permitirás pasar a lo que sigue mientras construyes tu éxito. Dominar tu mente significa que dominarás tu vida, y es un esfuerzo muy valioso.

Los Beneficios De Una Mente Controlada

Hay muchos pros que puedes comprender usando las técnicas del hackeo mental. Esto puede ayudarte con todo el rango de problemas que podrás enfrentar en tu vida, incluyendo:

- Frenar los ciclos de emociones y pensamientos recurrentes que toman control de tu mente y te alejan de tu verdadero potencial.

- Reavivar tu pasión y entusiasmo por tu trabajo y tus hobbies personales.

- Retirar el muro sin salida contra el cual estuviste golpeando tu cabeza cuando te faltaba éxito en tu carrera o relaciones o en tu vida personal.

- Recobrar el propósito y dirección en todas las áreas de tu vida, saliendo de la arena movediza a la cual no podías enconrtarle una salida.

- Obtener mayor enfoque y éxito del que tuviste en el pasado como ahora tienes una meseta.

- Comprender tus pensamientos y saber qué hacer con ellos.

- Obtener un sueño reparador en lugar de insomnio debido a pensamientos acelerados o pesadillas

- Entender cómo te defines a tí mismo desde el núcleo y construír autoconfianza.

- Mejor control de emociones extremas usando métodos para cambiarlas y no reaccionar.

- No vivir más a la sombra de tus miedos y emociones.
- Permitirte comunicarte con las personas de una manera más eficiente en todos los niveles.
- Volverte mas atento y consciente de lo que ocurre a tu alrededor.
- Fortalecer tu mente mientras ejercitas el músculo de tu cerebro con estrategias de concentración.
- Cumplir la mayoría de tus sueños y metas de una manera organizada de la cual la única persona que te detiene eres tú mismo.
- Entender que estás separado de tu mente y, por lo tanto, en control de la misma.

Sabiendo que hay varias razones para seguir el proceso de hackeo de la mente, continuaremos aprendiendo más acerca de cómo despejar la mente de los procesos de pensamiento recurrentes y acelerados.

Cómo Depurar Y Despejar Tu Mente

Con nuestros cerebros comparadas acertadamente con computadoras, es fácil para nosotros pensar que debemos depurar nuestra mente. Es difícil saber dónde implementar las estrategias del hackeo mental a causa de nuestros miles de pensamientos. A menudo, tomaremos la forma perezosa y recurriremos a ejercicios sin sentido como mirar televisión o desplazarnos por las redes sociales. Sin embargo, hay una manera de romper este ciclo de pereza mental.

La mejor manera de romper este ciclo es crear un hábito basado en una actividad. Esto puede ser ir a un gimnasio, leér un libro, juntarse con amigos. Cuando haces cosas que estén fuera de tu rutina, es la mejor manera y más fácil de sacudirte a ti mismo de la vieja rutina y en camino a volverte una mejor persona por dentro y por fuera.

Conóce Tu Propia Mente

Cuando vas a combatir, deberías conocer a tu enemigo. Tu mente no es tu enemigo; sólo necesita estar bajo tu control. La línea de fondo es que debes conocer tu mente y el núcleo de sus valores (aprenderás más sobre éste concepto en el capítulo nueve). Cuando conoces los principios por los cuales vives y defiendes, puedes dedicar tiempo y energía a fortalecer cada uno de ellos. Este concepto te dará la fuerza y el control que necesitas para aclarar los pensamientos acelerados que se han apoderado de tu cerebro.

Enfócate Y Trabaja En Tus Creencias

Puedes tener creencias fundamentales, tales como religiones o patrimonio, pero otras ideas como "Sally es una buena persona," eso puede cambiar. Necesitas observar deliberadamente aquello en lo que crees y actualizar estas ideologías cuanto sea necesario, dependiendo de tus nuevas experiencias e interacciones. Puedes incluso descubrir que las creencias arraigadas ya no coinciden con sus valores actuales a medida que continuas con estas prácticas. Ahora es cuando tienes la oportunidad de soltarlas porque ellas ya no sirven a ningún gran propósito en tu vida y solo te detienen de tu completo potencial.

Reevaluar Memorias Pasadas

Pensar en el pasado no siempre es algo malo, ya que nuestras memorias de fracasos pasados y angustias nos permitieron sobrevivir y volvernos más fuertes y sabios. Si miramos al pasado desde una perspectiva diferente de la que teníamos entonces, podemos curarnos y seguir adelante dejando atrás el dolor que nos causó. También nos ayuda a aprender más acerca de nosotros mismos cuando aplicamos un conocimiento más profundo en eventos que ya han ocurrido.

También recordamos sólo los hechos que más nos impactaron, dolorosos o alegres. Generalmente dejamos de lado los pequeños detalles que a veces pueden influir en todo el evento que creamos en nuestra mente. Los recuerdos siempre estarán presentes, pero puedes controlar cómo y cuándo acceder a ellos. No deben gobernarte cuando un disparador te hace viajar de regreso a ese lugar y tiempo.

Tómate Tu Tiempo

En la sociedad de hoy todo se trata de ir, ir, *ir!* Cuando no te permites a ti mismo volver a ponerte en contacto con tu ser interior, rápidamente puedes quemarte y desgastarte por el ajetreo y el bullicio. En lugar de esto, reserva tiempo del día para hacer lo que quieres y relajarte de las redes sociales, tu teléfono y la televisión. Estas distracciones van a evitar que te conectes contigo mismo, y vas a terminar agradeciéndome por el descanso de largas horas para recargar tus baterías.

Aprende Algo Nuevo

Siempre puedes ejercitar tu cerebro aprendiendo nuevos hábitos y lecciones. Esto puede ser cualquier cosa que enriquezca tu vida de manera positiva, y también puede ser algo que estabas destinado a hacer desde hace un tiempo. Nunca dejes de fortalecer tu cerebro aprendiendo cosas nuevas y yendo a lugares nuevos. Reevalúa tus hábitos y las cosas nuevas que estés aprendiendo para estar seguro de que continuamente te estás empujando a mejorar de todas las maneras.

Ejercicios De Depuración

Dentro de tu mente están los pensamientos recurrentes que conforman nuestra vida diaria. Estos pueden ser negativos o positivos, constructivos y destructivos. Tienen el poder de controlar nuestro comportamiento, emociones y, por último, enteramente nuestra vida. Porque la causa raíz de los pensamientos y sentimientos negativos puede estar incrustada en lo profundo de tu mente, la manera más fácil de rastrearlas es seguir el rastro de las cosas que más nos duelen.

Estas pueden ser dificultades, problemas, enfermedades mentales y físicas u otras adversidades a las cuales nos estemos enfrentando. Estas son todas manifestaciones de pensamientos y emociones negativas. Cavando más profundo para descubrir por qué se manifiestan, puedes eliminar la causa raíz y, de este modo eliminar por completo la cadena de eventos. En efecto, la depuración es muy parecida a una cirugía cerebral mientras que tú estás reconstruyendo el entorno para que sea más positivo, y por ende, más productivo y alegre.

Preguntando Por Qué

Esta técnica es útil para entender cualquier problema que enfrentes. Los problemas pueden crear molestias físicas con muchas capas de creación, por eso este método fue diseñado para que puedas navegar en los puntos más profundos y así poder eliminar el total de las causas.

Así como el nombre lo sugiere, te preguntarás "por qué" cinco veces hasta entender el problema. Debes saber que puede tomar muchos más "por qué" para encontrar la raíz de problemas más complicados. Aquí un ejemplo:

Por qué me encuentro a mi mismo en relaciones románticas en las cuales no soy feliz?

- Amo compartir mi vida con alguien al comienzo de la relación. **Por qué?**
- Hace la vida más interesante y agradable. **Por qué?**
- Me sentía no apreciado y aburrido en mi última relación larga. **Por qué?**
- Perdí mi interés luego del período inicial de Luna de miel. **Por qué?**
- La otra persona ya no hacía todas las cosas dulces que hacía al principio asique yo también dejé de hacerlas. **Por qué?**

- Busco atención y aprobación de otras personas para sentirme bien conmigo mismo. **Por qué?**

Este ejemplo fue un poco más complicado, ya que tuviste que usar más de cinco por qué. Sin embargo, se pueden poner aún más complicados. La idea es continuar preguntando "por qué" hasta que descubras la base exacta de la causa de tus patrones de pensamiento y acciones recurrentes.

Con el ejemplo anterior, puedes ver estas declaraciones como precisas, aún así continúan deduciendo el razonamiento de cada respuesta. La última respuesta es la más concisa a la pregunta original, y eso también explica de antemano la razón de las otras declaraciones. Puedes usar este método para cualquier problema con pensamientos acelerados y recurrentes al que debas enfrentarte. Puedes usarlo para cualquier idea que se cruce por tu cabeza, positiva o negativa.

Cuando logres descubrir la fuente de estos pensamientos y emociones, puedes poner en acción el plan de cambiar tu perspectiva. Esto resultará en que tú estarás deteniendo estos pensamientos recurrentes a medida que surjan, ya que no habrá nada que desencadene su recurrencia.

Usando el ejemplo anterior, abordaras tus problemas de autoestima estudiando y aplicando las estrategias del capítulo nueve. Después de un tiempo, habrás desarrollado una comprensión de ti mismo y habrás trabajado activamente en los problemas de aceptación de otras personas. Como resultado, saldrás a encontrarte nuevamente con personas a las cuales vas a llegar a conocer. Usa los métodos de lectura de personas del capítulo dos para saber si la otra persona es realmente agradable y no alguien a quien puedes aferrarte para llamar la atención. Tendrás citas y relaciones de amor sincero sin todo el drama que tuviste antes. Problema resuelto.

Utilizar el **método de los cinco Por Qué** adecuadamente te permite enfocarte más en tí, y no debería ser sobre otras personas y circunstancias que no puedes controlar. Tus respuestas no deberían involucrar a nadie más, como un juego de echar culpas. Básate en tus pensamientos, emociones y acciones.

Qué Es Lo Peor Que Puede Ocurrir?

Por lo general basamos nuestros miedos en imágenes imaginarias de lo que *podría* suceder, aunque es posible que nunca sucedan. Éstas son el peor tipo de emociones porque los miedos nos retienen y no nos permiten cumplir nuestras metas y sueños, ya que queremos permanecer en nuestra zona de confort. Sin embargo, esto es una trampa—y tú no sabes que lentamente te estas convirtiendo en un esclavo de tus miedos. Las vidas de algunas personas se centran en sus preocupaciones, apenas permitiéndoles vivir sus vidas. Asique con este método, Asi que con este método, usaremos el ejemplo de que temes conocer gente nueva. Llevaremos este miedo al extremo y consideraremos el peor de los casos:

El peor de los casos es que estas nuevas personas se hagan mis amigas para tomar ventaja de mí personal y profesionalmente. Similarmente, puedo no gustarles, pueden hablar mal de mí a mis espaldas, y pueden divulgar rumores que destruyan mi reputación. Podría terminar perdiendo mi trabajo y mis amigos a causa de este chisme y no saber qué hacer para poder recomponerme.

Bien, este es un muy desolador peor caso, ya que el trasfondo del patrón de pensamientos aquí es que tú no confías en la gente. Así que, cómo haces para revertir esta creencia?

Primero, necesitas trabajar las prácticas del autoentendimiento y la autoestima del capítulo nueve hasta que tus niveles de confianza sean más estables. Entonces tienes que salir y hablar más con la gente. Esto es parte enfrentar tus miedos, y no debe ser nada más que solo pequeñas conversaciones. Esto te ayudará a aprender con qué personas pasar tiempo hablando y quiénes son una pérdida de tiempo. Vas a crear confort en conocer en llegar a conocer a otras personas, luego de estudiar el capítulo dos, leyendo las claves del lenguaje corporal.

Una vez que practiques las pequeñas conversaciones hasta sentirte cómodo, puedes hacer mas preguntas de sondeo para conocer a la persona más profundamente. Entonces podrás crear una relación o amistad sólida con ellos y ver que no todos están queriendo atraparte.

Mira Desde Otro Punto De Vista

Sabías que a veces es más fácil entender los problemas ajenos cuando te piden ayuda? Este concepto está en esa misma línea. Cuando ves un problema recurrente, hazte la pregunta, "Qué le diría a una persona que tiene éste problema?" Salir de tu posición parece contraproducente cuando estás lidiando con un patrón de pensamientos, pero cambiar la perspectiva puede darte más visión. Digamos que tienes un problema con preocuparte constantemente por tus hijos. Éste es un problema típico de los padres, pero te obsesionas con tus hijos al punto de volverte dominante y asfixiante. Te aseguras de que se queden encerrados durante el verano para que no les dé cáncer de piel, o los miras como un halcón cada vez que están jugando en el patio con sus juguetes. Tu miedo de que ellos puedan lastimarse en cualquier momento y correr hacia ellos apenas se caen, incluso si ni siquiera se rasparon una rodilla. Como parte de este ejercicio, imagina que tu amigo o confidente está sentado allí contigo. Analiza sus pensamientos sobre tu situación y descifra qué pensarían en tal caso, entonces hazte preguntas. La conversación sería algo así:

Sus niños se van a lastimar o a enfermar. O quizás peor.

Cual es el bucle de proceso de pensamientos en esta declaración?

Ella cree que el mundo es peligroso—y lo es!

Cual es el bucle de proceso de pensamientos cuando miras a tus hijos?

Mis hijos sólo están a salvo cuando nunca dejo de observarlos.

Puedes observarlos a cada minuto?

No, no puedo observarlos todos el tiempo. Y mucho menos a medida que crecen.

Deberías observar a tus hijos en todo momento?

No, no es posible, pero debería observarlos cada tanto.

Cuál es el lado positivo de este bucle de pensamientos negativos?

Mis hijos están a salvo.

Asique en lugar de enfocarte en preocuparte de que algo terrible pueda sucederle a tus hijos en cualquier momento, puedes cambiar tu proceso de pensamientos para pensar que ellos están a salvo la mayor parte del tiempo y que no debés esperar el peor de los casos todos los días. Es irreal pensar que nunca nada va a pasarle a tus hijos, pero debe haber un equilibrio en tu proceso de pensamientos, de ese modo no te vas de un extremo del espectro al otro. Incluso si algo ocurre, y ellos se caen de su bicicleta, o se rompen un brazo, esto es temporal, y tiene solución.

Probablemente puedas pensar en muchas personas que en tu vida usas como "amigo" para obtener información. Puede ser cualquiera a quien admires, incluyendo a cualquier figura de autoridad confiable, amigo, líder, o incluso un científico. La persona que uses debe ser alguien en quien confíes y con quien te sientas a gusto. De ese modo, descubrirás que es más fácil buscar respuestas y descubrir la verdad en tu mente.

M.E.T.A.L. (M.E.A.P.E.)

Esta técnica te mostrará la causa y efecto de tus pensamientos y emociones. Las siglas signifícan **Mi Enlace de Acción de Pensamientos Emocionales** y muestra la secuencia de eventos emocionales a través de un bucle de pensamientos recurrente en tu mente. Asique, saca tu diario y haz tres columnas para emociones, pensamientos y acciones. En la columna de las *emociones*, escribirás una emoción que tienes constantemente, tal como "me preocupa tener un esposo bueno." En la columna de los *pensamientos*, escribe todos los pensamientos que te hacen sentir de este modo. Las respuestas para esta sección pueden incluír,

"No hay hombres reales con los cuales pueda conectar. Todas las demás mujeres parecen encontrar a los tipos buenos. Yo sólo encuentro a los malos." Finalmente, bajo la columna *acciones*, escribirás los procedimientos que te llevaron a pensar de este modo. Quizás, "Sólo me fijo en apps de citas y redes sociales para buscar hombres" podría ser tu respuesta.

Cualquier emoción, pensamiento o acción que escribas, debe ser completamente honesta. Sólo tú leerás esto, y es para tu mejor beneficio cualquiera sea el caso que escribas, no importa cuán mal luzca escrito en un papel. Esto te guiará rápidamente a la raíz del problema, y puede ayudar a aquellos que requieren de un enfoque más visual a la hora de comprender la totalidad del asunto. Además, es mejor sacar estos pensamientos de tu mente y ponerlos sobre un papel, para poder analizarlos y abordarlos con más rapidez.

Capítulo Seis:

Cómo Establecer Objetivos Sólidos

El Plan S.M.A.R.T.(Inteligente)

Cuando estás estableciendo metas por primera vez, es mejor empezar con metas pequeñas y alcanzables. Aún querrás seguir estableciendo metas personales para ti mismo para erradicar el control que éstas emociones y miedos tienen sobre tí. Algunas de estas emociones están mucho más arraigadas a tu psíquis y tomará más determinación para alcanzarlas que otras. Cree en que puedes superar todos los elementos de tu lista.

Mientras te encuentres en una posición de desafío, en esos momentos aprenderás más sobre ti mismo y de qué manera interactúas con el mundo que te rodea, generalmente a través de las partes más apretadas del camino a realizar tus logros. Crecerás de una manera en la cual no podrías sin tener claros tus objetivos y sin estar agradecido de los beneficios que te esperan gracias a tus experiencias.

Un método probado conocido como **proceso objetivo S.M.A.R.T.** es una excelente forma de comenzar a construír un plan sólido para trabajar en tus metas personales. El acrónimo quiere decir (S)**Específico**, (M)**Mensurable**, (A)**Alcanzable**, (R)**Realista**, y (T)**Temporal**. Deberás trabajar en un elemento a la vez a menos que dos elementos vayan de la mano, y podrás abordarlos rápidamente de manera organizada. Estas son las secciones del proceso objetivo en las cuales vas a enfocarte para alcanzar el resultado final.

Específico (S)

Este paso está diseñado para ser claro, inequívoco y, una bien definida declaración de cómo estás creando éste objetivo. Cuando puedes crear un plan que sigue estas pautas, tendrás muchas más chances de cumplir tu objetivo. Mientras construyas tu objetivo, deberás pensar en las siguientes preguntas:

- Quién estará involucrado?
- Qué es lo que exactamente quiero lograr?
- Dónde planeo cumplír éste objetivo?
- Cuándo quiero alcanzar este objetivo?
- Por qué quiero cumplír éste objetivo?

Digamos que tienes miedo de abandonar tu trabajo para meterte en un campo que sea más inspirador para tí. Deberás realizar una declaración completamente inamovible de por qué estás estableciendo este objetivo. Un ejemplo de ésto podría ser que podrías querer encontrar el coraje para seguir tus aspiraciones, lo cual llena tu corazón de alegría y te dá un propósito. Cuando hay una idea más enfocada detrás de tus objetivos, estarás direccionado de una mejor manera hacia cómo realizarlos, y es más posible que obtengas el resultado que esperas.

Mensurable (M)

En ésta sección, medirás tu progreso y tu éxito. Si no tienes esta parte en el lugar correcto, no sabrás si estás en el camino correcto para comprender tu objetivo. Mediremos los objetivos y continuaremos siguiendo nuestro ejemplo anterior:

- Qué trabajo ideal quiero tener?
- Cómo podré saber que he cumplido cada sección de mi objetivo?
- En qué puntos del progreso sabré que estoy trabajando rápidamente en torno a mi objetivo?

Querrás poner una medida razonable de éxito. Puedes dividir tu declaración en cuatro secciones: Descubrir tu determinación y autoestima; Encontrar un trabajo que disfrutes, yendo a entrevistas y obteniendo tu nuevo trabajo, y finalmente poniéndote en el aviso de dos semanas de tu trabajo anterior. Este proceso te llevará a la siguiente sección del objetivo.

Alcanzable (A)

Tu objetivo personal debe ser realista, para poder alcanzar el resultado que deseas. Esta es la parte flexible del plan que te permite los niveles a tu comodidad y llevarte al límite. Las preguntas que te harás durante esta fase son:

- Poseo la capacidad y los recursos como para alcanzar mi objetivo? Si no lo hago, qué es exáctamente lo que necesito para alcanzar mi objetivo?
- Alguien más ha cumplido el mismo objetivo por el cual estoy trabajando?

Todos los días hay gente haciendo precisamente lo que tu quieres hacer en esta situación. Ellos están construyendo su sentido de autoestima y yendo tras trabajos que merecen y disfrutan.

Realista (R)

Al mirar esta parte del plan, algunas personas ponen expectativas irreales sobre sí mismos. Es posible alcanzar un objetivo como éste dentro de un mes o dos? Debes ser honesto contigo mismo, así no te preparas para el fracaso. Para asegurarte de estar en el camino correcto, hazte estas preguntas:

- Es realista mi objetivo y está dentro de mi alcance?
- Puedo alcanzar este objetivo dados los recursos y tiempo que tengo?
- Soy capáz de hacer lo necesario para tener un nuevo trabajo en el tiempo que estipulo?

Está bien salir de tu zona de confort en un principio estableciendo un objetivo irreal. Esta es tu oportunidad para retocar el plan y así no sentirte frustrado en tu viaje. Recuerda no ser muy duro contigo y continuar avanzando.

Temporal (T)

Esta última sección del objetivo te hará asegurarte de ser responsable. Deberás establecer una fecha para comenzar a trabajar en ello y otra para cuando deseas terminar. Si no creas un marco específico de tiempo para trabajar en tu objetivo, probablemente lo pospongas hasta que encuentres cuándo es conveniente continuar. Las preguntas que debes hacerte para saber que estableciste un horario razonable son:

- Tiene mi objetivo un plazo específico?
- Cuales es mi plazo?

También querrás incorporar un porción de tiempo de cada día que dedicarás a trabajar en este objetivo. Esto te mantendrá responsable a medida que te acerques a la fecha límite de tu objetivo. Con este paso completarás tu objetivo con todos los detalles. Para volverte más exitoso en el plan que elijas, tienes que enfocarte en el **cómo** y **por qué** de tu objetivo. Cuando tengas las respuestas a estas preguntas, junto a las instrucciones del plan de objetivos S.M.A.R.T., tendrás la más amplia cantidad de competencia, confianza y motivación requeridas para triunfar en tu nuevo objetivo.

Estableciendo Tu Plan S.M.A.R.T.

Cuando estableces un objetivo, debes tener una razón firme para querer realizarlo. La idea detrás de tu *por qué* será personal. Cuanto más personal sea el *por qué*, más exitoso serás.

Creando el *cómo* de tu objetivo es el proceso que tomará para asegurarte de lograrlo. Puedes hacer mejor esto cuando creas una declaración de la misión, lo cual te ayudará a visualizar, en papel, tu objetivo S.M.A.R.T. completamente. Deberías escribir una declaración como ésta:

Voy a [tu objetivo] para el [fecha en la que deseas alcanzar tu objetivo] porque [tu por qué].

Esto establecerá tu intención claramente, así nunca pierdes de vista por qué creaste este objetivo.

Recuerda no sobrepasar los límites con tu objetivo cuando recién empiezas. Querrás construír confianza en tu sistema antes de continuar con el siguiente elemento de tu lista. Sin embargo, cuando te sientas cómodo con éste sistema, podrás trabajar en establecer tus objetivos de forma gradual, lo cual tendrá un impacto significativo en tu vida.

Manténte En El Camino Con P.A.C.T.

Otro modo de asegurarte de que te mantienes encaminado hacia tu objetivo es seguir el **P.A.C.T.**, lo cual es una promesa hecha a tí mismo. El acrónimo significa **Paciencia, Acción, Consistencia** y **Tiempo**. Puedes usar este concepto junto con tu plan S.M.A.R.T. para mantener enfocado.

Paciencia

Con todas las cosas que vale la pena tener, debes ser paciente contigo mismo al comprender tus objetivos. Si no posees esta paciencia, probablemente abandones. Construye tu paciencia cuando veas que tus tácticas están dando resultados. Entonces confiarás en tu sistema y te tomarás el tiempo necesario para completarlo.

Acción

Necesitarás este paso para cualquier cosa que intentes alcanzar en tu vida. Si no tomas acción, nada ocurrirá. Continúa teniendo una táctica diaria para realizar, y así te mantendrás siempre en movimiento hacia tu objetivo. Haz estas acciones directas y específicas, tales como "correr tres millas," y ponlas en un calendario. Recuerda mantenerte fiel a tus pasos y haz que estas tareas diarias no sean negociables.

Consistencia

Este paso va de la mano con con la Acción porque las tácticas deben ser consistentes. No puedes tomarte un descanso cuando trabajas en tu objetivo. Debes ser implacable y estar determinado a lograrlo, sin importar cómo. La consistencia te ayuda a ser fiel a tí mismo mientras trabajas en torno a tu objetivo.

Tiempo

Este aspecto ya ha sido incluido en ambos de los planes de objetivos mencionados anteriormente. No puedo enfatizar lo suficiente en cuán importante es la sincronización para alcanzar tus objetivos. Este es el aspecto que lidera todo el proceso. Si no respetas tu fecha de inicio, hitos, o fecha final, entonces no puedes alcanzar tu objetivo en el plazo que estableciste. Cuando utilizas estas herramientas para crear un plan sólido, lograrás alcanzar tus objetivos personales con gran éxito. Con un mapa de ruta detallado en tus manos, no hay excusa para no permanecer en el camino directo a la realización de tu objetivo.

Brilla Como Un Rayo L.A.S.E.R.

La luz del rayo láser es un rayo enfocado que puede destruir misiles y cortar el acero. Siguiendo este acrónimo—lo que significa **Limitado**, **Asequible**, (S) **Específico**, **Evaluado**, **Repetible**—debes mantenerlo en el ojo de tu mente mientras trabajas en tus objetivos diarios.

Limitado

Mantén tus objetivos divididos en pequeños incrementos, incluso tan bajo como a 30 minutos por día. Debes establecer tu objetivo diario a cualquier cantidad de tiempo que puedas dedicarle consistentemente cada día.

Asequible

Esta es una tarea que sientes poder completar sin presión durante el marco de tiempo designado. Sé tan específico como puedas, para saber qué esperar cada día.

Específico (E)

Este será un objetivo simple que puedes entender. Si se te ocurre una frase vaga en principio, profundiza en qué quieres lograr a nivel personal.

Evaluado

Escribe tus objetivos diarios en un calendario de pared grande o en un bloc de notas así puedes tachar los objetivos que vas completando. Esta acción te dará una sensación de realización, y es excelente visualmente para recordarte a ti mismo que estás trabajando cada día en tu objetivo final.

Repetible

Esto es algo que con el tiempo puede volverse un hábito, lo cual es el objetivo de la mayoría de tus aspiraciones de hackeo mental.

Estrategias Para Establecer Metas

Si utilizas herramientas de visualización, podrás visualizar la meta ideal o el resultado de una situación. Aquí es dónde quieres estar, pero quizás no tengas un plan específico para llegar ahí. Sin embargo, cuando usas la visualización regularmente, esto moldea tus pensamientos y determinación en torno a tus metas. Cuanto más piensas en el resultado que quieres, más claros verás los pasos que debes dar para llegar a llegar a él. Estarás más direccionado a alcanzar tus metas personales, y las personas en tu camino probablemente te ayudarán porque le expresaras estas metas a otros.

Si tienes un modelo a seguir, Quien es un maestro en el talento, habilidad, o realizando los deseos que quieres cumplir, estudia los caminos y métodos que ellos usan para lograr lo mismo en tu vida. Investiga sus vidas si no las conoces, y busca si tienen un blog, video, o libro, asi puedes aprender mas. Incluso si los imitas, te sorprendería como ellos pasaron por las mismas luchas por las cuales tú estás pasando ahora, lo que te dará más confianza para ir tras tus objetivos.

Cuando te sientas y piensas a fondo sobre a dónde quieres llevar tu vida, tendrás una dirección hacia la cual moverte. Cuando este es el caso, puedes tener una mente clara y enfocada, y estar determinado a alcanzar sus metas. Si estos objetivos están en primer plano en tu mente, vas a poner tus intenciones en trabajar en torno a estos objetivos específicos. No solo te hará más propenso a alcanzar estos objetivos, sino que también los dominarás más rápido.

Si sientes que sufres de baja autoestima o tienes problemas de confianza, trata de buscar un proyecto o pasatiempo en el cual seas altamente hábil, o cuando menos, lo disfrutas. Cuando trabajes en este proyecto, naturalmente construirás tu confianza en ti mismo y ramificarte para aprender nuevos conceptos. Si te sientes más cómo dentro de tu piel y de tu ser, irás tras objetivos más elevados para mejorar tu habilidades y talentos.

Cuando puedes ser fiel a tí mismo, continuarás creciendo y fortaleciendo tu ser. Esto te dará un sentido más profundo del propósito y la felicidad, que se mantendrá en otras áreas de tu vida. Ese será el regalo que te das a tí mismo, el cual te devolverá mucho más con el tiempo. Te sentirás más alineado con tu ser interior, lo que te llevará más allá de tus objetivos. El único límite que te pones eres tú mismo y tus pensamientos.

Cuando comprendes que este no debe ser el caso, te remontarás cada vez más y más alto. La confianza en es un atributo en el cual todos los humanos debemos trabajar en construir, el cual puede tomar años.No es algo que viene naturalmente con cualquiera, pero te ayudará a alcanzar mucho más en tu vida si la posees.

Cuando te encuentras en puestos de trabajo de alta presión, puede ser una necesidad, pero también puede ayudarte en todos los ámbitos de tu vida. Este capítulo cubrirá varios métodos que pueden construír tu autoestima, la cual puedes usar a lo largo de tu vida.

Cuando estás luchando con tu confianza, puedes utilizar tus habilidades de visualización para mejorarte. Debes visualizar a la persona que te gustaría ser. Si lo prefieres, puedes acoplar esto a escribir tus objetivos para ayudarte a visualizar el objetivo final más fácilmente. Recuerda continuar no siendo duro contigo para poder pasar estos obstáculos, ya que estas creencias por sí solas conviven en tus pensamientos y tu voz interior.

Capítulo Siete:

La Preparación Y Proceso De Recableado De Tu Cerebro

Ahora que haz decidido cambiar tu vida, es hora de prepararte para reprogramar tu mente. Mucha gente no entiende cuanta persistencia, dedicación y disciplina toma recablear tu cerebro. La mayoría de la gente no logra completar todo el proceso porque puede presentar un gran desafío. Cuando no pueden completar todo el proceso, se engañan a sí mismos al cosechar los beneficios que pueden obtener al reprogramar sus mentes. Esto te dará las herramientas necesarias para prepararte de antemano y así descubrir más éxito en el proceso de hackear tu mente. Probablemente hayas practicado la consistencia en tu vida. Es el estado de desarrollar las disciplinas para apoyar un resultado favorable. Un ejemplo de ellos puede ser organizar tus horarios para poder atender una clase nocturna para un semestre para mejorar tus habilidades laborales. Mantener la disciplina a través del curso te recompensará con el conocimiento necesario para obtener el espacio de trabajo que deseas. Cuando eres consistente y dedicado en tus tareas, es probable que puedas enfocarte y concentrarte más en terminarlas. mantendrás éste enfoque a pesar de las fuerzas externas, ya que tu persistencia te mantendrá encaminado hacia tu objetivo. Entonces, de qué manera desarrollas tu autodisciplina?

Define Y Visualiza Tus Objetivos

Establecer tus objetivos es primordial para saber hacia dónde te diriges. Si no tienes una dirección para la cual correr, entonces es probable que haya mas zig - zags en los patrones de tu camino. Sin embargo, cuando puedes visualizar tus objetivos como si ya los hubieras logrado, esto te ayudará a desarrollar una guía confiable para llegar a ellos. Puedes trabajar en construir un plan sólido en papel con el plan S.M.A.R.T. que se encuentra en el capítulo seis.

Crear Significado Y Valor Personal

Cuando tienes una intención personal que te conduzca hacia tus objetivos, automáticamente crearás la disciplina que necesitas para lograr los resultados deseados. Pregúntate a tí mismo, "Qué valor alcanzaré cuando alcance este objetivo?" y

"Què significa crear impulso hacia este objetivo?" Tener respuestas claras te mantendrá enfocado en la siguiente tarea.

Encuéntra Mentores Y Modelos A Seguir

Todos necesitan un pequeño empujón y direccionamiento cada tanto. Si buscas un mentor o un modelo a seguir, ellos te animarán y te dirán cuándo necesitas repensar tu dirección. Su presencia asegurará que puedas alcanzar tus objetivos más rápidamente. Tener un punto de vista

externo de alguien en quién confías te ayudará a ver las cosas que antes no veías y te mantenían alejándote de obstáculos evitables.

En tu búsqueda por alguien que asuma este rol, pregúntate:

- Quién está trabajando en alcanzar un objetivo similar al mío?
- Quién ha alcanzado este objetivo exitosamente?
- Qué puedo aprender de estas personas que pueda ayudarme en mi viaje?
- Qué comportamientos les permitieron alcanzar sus objetivos?
- Qué desafíos pudieron superar, y cómo?

Conocer las respuestas a estas preguntas te ayudará a formular un plan sólido en torno a tus objetivos personales.

Identificar Y Superar Obstáculos

No habrá ningún objetivo valioso que no tenga ningún obstáculo, dificultad, o desafío. Estos obstáculos pondrán a prueba tu direccionamiento y disciplina y te empujaran aún más fuerte, entonces pregúntate, "Qué obstáculos hay entre mi objetivo y yo?" y "Cómo planeo atacar los obstáculos que veía venir?" Estar preparado y tener la mentalidad adecuada te ayudará a atravesar estos momentos difíciles.

Piensa En Tu Entorno

Necesitarás tener el estado mental correcto para ser productivo y trabajar eficientemente. Si ya estás luchando con tu autodisciplina, tener distracciones puede significar un desastre. Crea un espacio de trabajo en el cual puedas permitirte trabajar sin interrupciones y que sea calmo si es posible. Cuando eres capaz de entrar en el flujo de trabajo, serás capaz de alcanzar tus objetivos rápidamente.

Creando Autodisciplina

Esto va de la mano con tener consistencia mientras trabajas en tus objetivos. Si quieres conocer el éxito, necesitarás incorporar los principios de la autodisciplina. Algunos encontrarán esto incluso más difícil que la consistencia porque requiere cosas que raramente haces si no has sido impulsado por el éxito anteriormente. Tener un objetivo y poseer la disciplina necesaria para llegar allí requerirá de sacrificios si quieres ser productivo y eficiente. No sólo te ayudará a alcanzar tus objetivos, sino también a construír tus niveles de autoconfianza.

Gestión Diaria Del Tiempo

Cuando te asegures de planear todo de la mejor manera posible, te ahorrarás mucho tiempo a largo plazo. Es más fácil escribirlos la noche anterior, para cuando despiertes; sabrás específicamente cuales serán tus objetivos diarios. Puedes escribirlos por orden de importancia, tales como:

- Necesita absolutamente estar hecho para hoy, o habrá severas consecuancias—como pagar tu renta o asistir a una entrevista laboral.

- Debería hacerse hoy con algunas consecuencias—como conseguir mas café de la tienda.
- Sería lindo terminarlo hoy sin consecuencias—como ir a comprar un nuevo atuendo.
- Cosas que deberían ser delegadas a otros—como hacer que tus hijos laven los platos.

Cuando trabajas en tus tareas por orden de importancia, primero sacarás a los bateadores pesados del camino. Esta estrategia aliviará tu mente, y no deberás pensar más en ellas porque ya las habrás completado. Esto te llevará a que te queden por hacer los elementos más fáciles de la lista a últimas horas de la mañana o por la tarde, así no debes estar intentando frenéticamente tratando de completar tareas difíciles cerca del final del día.

Es sábio dividir tus objetivos grandes en pequeños objetivos diarios. Esto no solo mantendrá tus ojos puestos siempre en el premio, sino que también lo hará sentir más como un logro cuando puedes ver el progreso todos los días. Cuando tengas tu cerebro entusiasmado con el logro de los objetivos más pequeños, eso te impulsa aún más fuerte a alcanzar tus objetivos.

Muchos logros largos cada año o cerca del primero de Febrero, a veces antes. Las resoluciones de Año Nuevo son comúnmente dejadas pasar por esta vez, ya que la gente se siente abrumada al pensar en hacer tantos cambios significativos en un período de tiempo tan corto. Muerden más de lo que pueden tragar y no pueden continuar con sus grandes aspiraciones. Sin embargo, si crearan tareas pequeñas que los acerquen a sus objetivos, entonces serías más exitosos.

Patrones De Salud Excelentes

Cuando creas buenos hábitos centrandote en tu salud, ayudarás a tu mente a funcionar a un nivel óptimo. Tomará cierta disciplina para algunos no comer postre todos los días. Sin embargo, inténtalo en pequeños pasos si lo encuentras muy difícil. Agrega más frutas, proteínas y vegetales mientras los reduces o elimina la sal, el azúcar y la harina. Mantener chequeada tu salud te mantendrá energizado y enfocado en tus tareas, y vivirás más al comer sensiblemente. Come un trozo de chocolate para celebrar al final de tus objetivos.

Trabajo Duro

Mira la vida de los millonarios antes que se hayan vuelto exitosos; Han puesto incontables horas de trabajo para llegar a donde están hoy. Nadie tiene nada tán fácilmente. Pero cuando piensas en cuánto tiempo desperdiciamos en ocio, tareas mundanas como chatear con compañeros de trabajo, buscar cosas en Internet, y seguir nuestras redes sociales, es fácil no ser productivo.

Debes poner esfuerzo porque nadie más lo hará por tí. Si te disciplinas a trabajar duro donde ninguna de estas pequeñas distracciones te alejen de tus tareas, serás quien tenga un ascenso el mes próximo.

Aprendizaje Continuo

Si piensas que lo sabes todo, entonces estás muerto. Hay demasiada información en el mundo, y siempre puedes esforzarte en mejorar tu conocimiento. No tiene que ser tan complicado inscribirse en un doctorado. Puedes salir y hacerte amigo de personas que tengan un origen diferente al tuyo, aprender a tocar la guitarra con videos de YouTube, o viajar a un lugar nuevo y desconocido. Hay una plétora de formas en las que puedes expandir tu mente. Nunca te detengas, ya que siempre habrá algo que mejore tu vida.

Los Peligros De La Multitarea

Puede ser muy tentador usar las multitareas para para lograr todas nuestras metas más rápido. La multitarea es una manera de tener más proyectos terminados al mismo tiempo, especialmente en el mundo de los negocios. Sin embargo, si estás continuamente trabajando en muchos proyectos, o en este caso, objetivos, bajará tu productividad. Puede desgastarte mental y físicamente, no dándole descanso a tu cerebro cada tanto. Eso también debilita tu cerebro quitando tu falta de atención mientras disminuyes tu memoria.

Al poner tu atención en varias tareas a la vez, no puedes enfocarte apropiadamente en un proyecto. Cuando tienes demasiadas distracciones que rompen tu concentración, requiere de más tiempo finalizar la tarea mientras tienes que enfocar nuevamente tu atención en la tarea que tienes a mano. La multitarea también eleva tu nivel de estrés, lo cual puede llevarte al agotamiento. Así que hazte un gran favor y apégate a un solo objetivo cuando trabajes en la siguiente sección.

Mantenerse En El Momento Presente

Cuando comprometes todo tu tiempo en pensamientos diferentes y bucles constantes en lugar de tomar el control, te vas del aquí y ahora. Pasan tantas cosas todo el tiempo, y este preciso momento no es una excepción. Si estás dejando que tu mente se pierda en otros puntos en el tiempo, entonces es probable que no te des cuenta.

Por Qué Es Mejor Vivir El Presente

Siempre es bueno aprender de los errores pasados y de las cosas de las cuales nos arrepentimos. Sin embargo, cuando has estado innecesariamente pensando en el pasado y malgastando tu tiempo en bucles de procesos, necesitas resolverlos antes de que te retrasen y ralenticen tu crecimiento.

Deja de pensar en el pasado. Si bien puedes aprender algunas respuestas mirando hacia atrás, hay un delicado balance entre un buen viaje a través del carril de tu memoria y revivir cada momento de una experiencia terrible. Las cosas pasan, y no hay nada que podamos hacer para cambiar el pasado, no importa lo duro que lo intentemos.

Evalúa las cosas saludables que puedas hacer ahora, para prevenir cometer los mismos errores del pasado. Todo es una lección en la vida, y hasta no aprender esta lección, vamos a seguir repitiendo los mismos errores. Mantén tu mente en el aquí y ahora, para no pasar el tiempo preocupándote innecesariamente por cosas que no puedes cambiar.

En lugar de pensar en el pasado, que tal tratar de crear un mejor futuro para ti? Es una mejor inversión de tu tiempo y energía trabajar en tus proyectos actuales que dar vueltas en tu cabeza reflexionando sin mostrar ningún resultado tangible.

Moviendote Al Momento Presente

Nuevamente, no hay nada de malo con recordar eventos del pasado. Es gracias a esas experiencias que eres la persona que eres hoy. Sin embargo, la vida es un bien precioso, y nunca sabes cuándo puede terminar. Probablemente tengas muchas décadas más por vivir, así que saca lo que más puedas de cada momento que vives.

Esfuérzate por mejorar y enriquecer las vidas de quienes te rodean para hacer que la vida valga la pena. Siempre hay nuevas oportunidades o direcciones a las cuales dirigir tu vida si estás abierto y consciente cuando aparecen.

Si tu atención habita el pasado, cómo puede ver lo que está ocurriendo delante de tus narices? Ser agradecido por lo que tienes en la vida ahora y trabajar en tus objetivos personales es un mejor acercamiento. Esto podría darte un mucho mejor uso de tu tiempo y energía.

El desafío más grande en estos tiempos es fortalecer nuestra completa atención, la cual es nuestra capacidad de concentrarnos y debilitar nuestra conciencia reflexiva que es nuestro hábito de distraernos. Entonces cuando trabajes en tu atención, tomará el doble de lo que necesitas para volver a entrenar tu mente a través de ejercicios de concentración y reclamar tu atención reduciendo las distracciones.

Recableando Tu Cerebro

Ahora que ya tienes resistencia mental, es tiempo de recablear tu cerebro. El primer paso es identificar los nuevos comportamientos que quieres aprender. Usemos el ejemplo de dejar de fumar. Hay una vasta cantidad de información desde el punto de vista de la salud por lo cual no deberías fumar, incluyendo riesgo de cáncer, complicaciones cardíacas y respiratorias, y la muerte.

Estos pueden influir en tu decisión de hacer este cambio, pero por qué vital para tí tener un propósito aún más grande? Quieres encontrar el punto más personal para tí ya que ésta será la declaración de impulso y positividad que te motivará hasta el final y te mantendrá así. No tiene mucho sentido tratar de alterar una parte de tí para volver a repetir las mismas acciones. Entonces, quizás tu respuesta podría ser, "No quiero herír la salud de mis hijos a causa de mis decisiones."

Esto es algo que puedes recordar cuando estás estresado y quieres dar una pitada. Lleva una foto de tus hijos en tu billetera o ponla en tu escritorio para recordarte tus objetivos. Incluso si ellos no están allí contigo, no es una excusa para que vaciles. Cambia tu tren de pensamientos si estás teniendo dificultades y busca otra actividad para animar tu cerebro y darle la misma sensación. Canta una canción que ames, juega a algún juego, sal a caminar. No importa lo que elijas, ser dedicado a tus objetivos es de máxima prioridad.

Es fácil querer cambiar muchas cosas en tu vida al mismo tiempo cuando tienes el entusiasmo para abrazar esos cambios. Puede que lo hayas tenido. Suficiente es suficiente. Sin embargo, Ir tras demasiados objetivos de cambio al mismo tiempo es como prepararte para el fracaso. Tienes que enfocarte en cada elemento abordado, ya que esto te llevará a la línea final mucho más rápido que si estuvieras haciendo malabares con múltiples objetivos al mismo tiempo.

También te asegurará que tus nuevos hábitos sean estables, y no volverás a caer tan fácilmente en tus antiguas costumbres. Recuerda también las desventajas de las multitareas del último capítulo.

Si ya has configurado tu objetivo S.M.A.R.T. en un papel, comprenderás la tremenda cantidad de esfuerzo y dedicación que conlleva algo tan sencillo como dejar de fumar. Debes mantenerte en un solo camino en lugar de extraviarte. Esto asegurará que tus objetivos no te confundan, y que puedas tener un entendimiento mucho más claro cuando hayas alcanzado el éxito de tus objetivos.

También serás capaz de calibrar en qué parte del proceso de tu viaje te encuentras y si deberías ajustar tu objetivo de ser necesario. Si también adhieres varios factores de otros objetivos a la mezcla, podría ponerse un tanto confuso. Estás tratando de despejar tu cerebro, y es algo que puede ni siquiera parecer natural en un principio, simplemente estás preparándote para fracasar cuando no hay necesidad.

También querrás escribir sobre tu nuevo objetivo tan pronto como sea posible. Cuál sería la razón para retrasarlo tanto? Te has decidido, así que no lo hagas! Cuanto más te sientes con un objetivo, más lo empujas hacia el caño de escape y eventualmente fuera de tu mente. Puedes haberte tomado el tiempo de escribir un plan S.M.A.R.T. brillante, pero si no implementas toda la estrategia es prácticamente inútil. Toma el impulso de comenzar tu objetivo hoy y beneficiate de él muy pronto.

Cuando estés tratando de romper un hábito asegúrate de reservar una hora específica cada día cuando tu cerebro sea más receptivo a la información. Tu mente está en el estado óptimo para aprender cuando se activa. En lugar de trabajar en tu objetivo personal cuando está cansado o agotado, elige un momento en que sea optimista y enérgico

Al principio habrá momentos en que las cosas no funcionarán tan bien, donde encontrarás resistencia, aburrimiento y frustración. Estos son puntos en los que muchas personas se dan por vencidas o piensan que no les está funcionando. Esto no podría estar más lejos de la verdad, ya que significa que tu cerebro está cambiando. Esta es una señal fisiológica que significa que lo que estás haciendo está marcando la diferencia. Sigue avanzando y notarás más cambios.

Capítulo Ocho:

Controlando El Cerebro Con Exceso De Trabajo

Alguna vez has notado que tus pensamientos parecen correr por tu cabeza durante todo el día? O tal vez cuando te acuestas para ir a dormir después de un día ocupado, no puedes dormir? El constante aluvión de diálogos al recordar cada cosa que posiblemente olvidaste desde que tenías seis años te impide recibir el descanso adecuado.

Puede parecer que estos patrones de pensamiento se unen entre sí. Nuestros pensamientos pueden desenfrenarse, e incluso pueden volverse dañinos. Con el tiempo, creerás lo que oyes en tu cabeza, lo que te hará encontrarte con este círculo vicioso. Estos pensamientos se basan en la preocupación.

Sangran en situaciones cotidianas. Luego de creer en el comentario negativo, hablarás más negativamente y te alejarás de tu familia y amigos. Has cedido en lugar de contraatacar, y tienes miedo y eres víctima de tus pensamientos preocupantes. Incluso podría resultar en que intentes llenar estos pensamientos con comida o mantenerte ocupado trabajando para ignorarlos o esperar que desaparezcan mágicamente.

Este tren de pensamiento es molesto, contraproducente y no saludable para tus estados físico y mental. La raíz del problema nunca desaparecerá si los ignoras. De hecho, cuanto más intentes esconderte, más persistentes y peores se volverán. Este ciclo de pensamiento no terminará hasta que tú lo digas. Y es posible lograr esto, sólo tienes que reunir valor y enfrentar tus preocupaciones cara a cara.

Abordando Tus Preocupaciones Y Miedos

Nuestras preocupaciones y miedos no solo envenenan nuestros cuerpos, sino que también pueden crecer fuera de control más adelante. Pueden llevarnos a comportamientos excesivos cuando tratamos activamente de escapar a la confrontación. Sin embargo, hacer lo que más temes es la mejor solución: llegar a la raíz de tus preocupaciones y miedos. Estudia los siguientes pasos para ayudarte a tener las herramientas que necesites para superar el obstáculo de tus preocupaciones y miedos.

La Ley De Los Eventos Recientes

Es más probable que recuerdes los eventos que ocurrieron en poco tiempo, antes de unos pocos meses. Estos eventos y lecciones ingresan a nuestro subconsciente e influyen en nuestros pensamientos. Cuando te enfocas en tus pensamientos negativos y disparadores, se solidificarán y permanecerán dentro de tu subconsciente. Cuanto más tiempo permanezcan, más probabilidades tendrás de experimentar pesadillas o noches inquietas. Hasta que no traigas estos desencadenantes a la superficie y los abordes adecuadamente, debes cambiar tu proceso de pensamiento a algo más positivo. Participa en una actividad de la que disfrutes al llenar tu subconsciente con pensamientos más positivos, como leer o dar un paseo relajante en la naturaleza. Esto también ayudará a silenciar cualquier pensamiento acelerado negativo en tu mente.

Ley De Atracción

Esta idea tiene la premisa de que atraerás lo que sea que proyectas para ti. Por ejemplo, si tienes un estado de ánimo negativo, más negativo parecerá el mundo que te rodea. Sin embargo, si cambias a un estado mental más positivo, notarás las cosas positivas que ocurren en tu vida todos los días.

La Ley de Atracción también funciona para diferentes objetivos que tienes en mente. Cuando construyes una intención, pasión y determinación por algo que deseas obtener o experimentar, el universo pondrá en marcha los eventos para garantizar que suceda lo que deseas. El uso de técnicas de visualización fortalecerá tu intención, ya que puede imaginar el resultado en tu mente.

Entonces, si estás trabajando desde una cadena de pensamiento negativa en este momento, piensa en un lugar, ficticio o real, que te brinde alegría. Conocerás este área como tu "lugar feliz", donde viajarás en tu mente. Tu tienes control total sobre este lugar, incluyendo paisajes, actividades, personas y animales que hay. La única regla es que necesita brindarte la mayor felicidad. Si eliges algo para poner en tu lugar feliz que solo genera una leve emoción, no será tan efectivo.

Siempre que descubras que tienes pensamientos negativos, vé a tu lugar feliz con toda tu mente, cuerpo y espíritu. Desea visualizarte inmigrado a este lugar y respirar la paz y la alegría que has creado. Esto cambiará tu mentalidad y despejará tu mente de negatividad. Es algo que puedes hacer en cualquier lugar, y te mantendrá centrado y firme durante los momentos difíciles.

Abraza la Energía Positiva

Cuando tu mente está abarrotada de varias ideas y cosas que hacer, puede confundirte y hacerte cuestionar cómo abordar el torbellino. El primer paso es cuidar los elementos que requieren atención inmediata, ya que puedes resolverlos de forma rápida y sencilla. Esto puede ser lavar tu uniforme para el día siguiente o un proyecto de trabajo que has pospuesto. Después de

que te hayas despejado, sólo tendrás los elementos que quedan o los que están fuera de tu control. Estos son los pensamientos que te harán preocuparte.

Primero, acepta las ideas donde el resultado no está bajo tu control. No puedes involucrarte en todo y, a veces, no es el momento de abordar estos temas. Cuando haces esto, la mayoría de tus pensamientos negativos desaparecerán.

Intenta establecer un plan para abordar los pensamientos e ideas restantes en tu mente. Tal vez no tengas el tiempo en este momento, o necesites involucrar a otra persona y coordinar sus horarios. Cualquiera sea el caso, pon tu plan en acción. De esta manera, puedes dejarlos ir hasta el momento en que puedas tratar con ellos directamente.

Si todavía cargas con pensamientos preocupantes, escribe algunas afirmaciones positivas en un papel. Pueden estar en un diario, pero mejor aún, escríbelos en notas adhesivas. Cuando tengas algunos escritos, colócalos en el espejo del baño o tal vez en tu computadora en el trabajo. Desea que te recuerden devolver tu mente a un estado mental positivo. También puede ser útil darte mini charlas de ánimo y ser tu propio animador.

Cuando te das la confianza que necesitas para enfrentar cualquier cosa en la vida, tendrás pensamientos más positivos a medida que comiences a ver los cambios positivos en tu vida.

Ley Del Azar

Muchos de nuestros pensamientos se centran en escenarios futuros que aún no han ocurrido. No sabes si estas cosas sucederán, pero tu mente se ha desviado a este escenario de *"qué pasaría si"*. Puede ser una situación que deseas prepararte para tí mismo si se cumple. Cuando te encierras en este bucle de pensamiento, dejas el momento presente porque tu mente está en otra parte.

No es algo terrible soñar despierto o quedarse dormido ocasionalmente. Sin embargo, cuando esto ocurre durante todo el día, puede dejarnos sin fundamentos y perdidos en nuestros pensamientos. También nos perdemos las experiencias frente a nosotros, que podríamos haber disfrutado. Te estás engañando a ti mismo cuando estás pensando en escenarios que pueden o no suceder.

En lugar de quedar atrapado en este patrón de pensamiento, considera si este evento o escenario sucederá. Por ejemplo, algunas personas temen que los aviones se estrellen, por lo que nunca viajan en aviones. Tienen tanto miedo que prefieren conducir, tomar un autobús o un tren a su destino.

Aunque estos modos de viaje pueden ser aventuras, te estás subestimando al no enfrentar tus miedos de cara a cara. Tienes una posibilidad minúscula de ser víctima de un accidente aéreo si consideras cuántos vuelos ocurren durante un día en comparación con cuántos aviones realmente chocan.

Tenlo en un papel

La conclusión es que necesitas comprender los factores desencadenantes que crean tus preocupaciones y miedos. Esto puede requerir algunas reflexiones a veces, y puede ser útil escribir entradas en un diario hasta que puedas descubrir qué te preocupa. Puede ser como pelar capas de una cebolla si es algo que has llevado contigo durante años o incluso desde tu infancia. Una vez que hayas completado la lista, mira algunos videos, documentales o lee libros sobre el tema para educarte más. Que no tengas miedo de lo que no entiendes suena a verdad y te ayudará a deshacerte de estos temores y preocupaciones.

Si esto aún no alivia tus problemas, no te avergüences de acudir a un profesional para que pueda ayudarte a liberarte de estos pensamientos y creencias. Siempre presionate a enfrentar tus miedos. Sí, puede ser lo más difícil que hayas hecho, pero los beneficios que obtendrás valen la pena.

Piensa en todo el tiempo que puedes dedicar a un solo elemento en tu lista y calcula cuánto tiempo piensas en él durante 24 horas. Cuántos minutos o incluso horas suman? Luego multiplica ese número por siete, y luego por treinta.

Cuando pones los números aproximados frente a ti, hay una realidad que puedes comprender. Cuántas otras cosas podrías haber estado haciendo durante todo ese tiempo? Podrías haber ido un poco más lejos para alcanzar tu meta de aprender otro idioma o quizás dedicar más tiempo a estudiar? Incluso podrías haberte tomado más tiempo para cuidarte con algo de tiempo-para-mí. Entonces, cuando veas que esto es en blanco y negro, puedes ver el beneficio de tiempo que obtendrás.

En cuanto a los beneficios físicos y mentales cuando enfrentas tus miedos, puede parecer que estás quitando un peso de encima de tus hombros, lo que te hace sentir más ligero dentro de tu cuerpo y tu alma. No todas tus emociones y pensamientos se unirán a ti como si fueran tu miedo, y tendrás el resto de tu vida para vivirla sin que este miedo te arrastre. No crees que vale la pena el esfuerzo de intentar ver cómo hacer algo diferente te resultaría útil?

Piensa en la libertad y el tiempo que tendrás que dedicar a tantas actividades mejores! Incluso podrías descubrir que todo lo que temías te brinda algo de consuelo o incluso alegría en tu vida. Como ejemplo, si tenías miedo de tomar vuelos, llegarás a muchos lugares mucho más rápido y conocerás gente nueva en el camino. Podrás volar al extranjero, lo que abrirá un mundo completamente nuevo de posibilidades, descubrimientos y oportunidades.

Así que tómalo con calma y en pasos pequeños, y haz que un miembro de tu familia o un amigo esté allí para ti, apoyándote de la manera en que necesites. No es nada de lo que avergonzarse, ya que todos tenemos miedos y preocupaciones. Puedes hacerlo, y te estoy apoyando.

Conservación De La Energía

La energía se está transformando y transfiriendo continuamente de un objeto a otro; nunca puedes destruirla. Lo que haces con tu energía es importante, y esto también incluye a las personas con quienes pasas tu tiempo. Nuestra energía resuena con nuestro entorno por dentro y por fuera. Si te encuentras en una situación agotadora, como estar furioso, te sentirás exhausto y letárgico después de un período corto de tiempo.

Piensa en la energía como un tanque de gasolina en un automóvil. Si aceleras tus emociones, presionarás más el acelerador y quemarás más combustible. Sin embargo, si eres neutral o tranquilo en tu estado emocional, navegarás como si fuese un Domingo por la tarde. Harás más en tu día porque no te sentirás agotado.

Utiliza Técnicas De Canalización

Cuando te dés cuenta de que tienes el control de tu vibración energética, aprenderás a usar tus pensamientos para cambiar tu energía. Cuando notes que te sientes deprimido y letárgico, toma tu lista de preocupaciones y descubre lo que necesitas para manejar mejor la situación. Luego puedes trabajar para cambiar la energía y la dirección de tus pensamientos. Si te preocupa fallar en un proyecto, concéntrate en la preparación. Si te preocupa que una relación se desmorone, trabaja para mejorar los lazos. Cuando te preocupes por morir, vive cada día como si fuera el último con entusiasmo. Cualquiera sea el problema que enfrentes, cambia tu enfoque a algo más positivo que también aborde el problema al mismo tiempo.

Ley De Las Creencias

Sean cuales sean tus creencias, darán forma a tu realidad y a cómo percibes el mundo y a tí mismo. Cuando dejes que la preocupación gobierne el nido, verás que lentamente se apodera de todos los aspectos de tu vida. Puede infiltrarse en tu sueño y agotar tu energía. Pero hay otra estrategia que puedes usar: poner en práctica tu creencia en un poder superior. Ora y adora con dedicación y entrega todas tus preocupaciones a sus pies. Hay verdad en el poder de la oración porque es un movimiento de energía. Es muy parecido a la ley de la atracción. Cuando rezas y expresas tus deseos de ayuda, le estás pidiendo al universo que llegue esa ayuda. Funciona de la misma manera, y te sentirás más liviano porque la carga que has estado llevando ya no te agobiará.

Cuando practicas activamente y solidificas tu creencia en un poder superior, también estás fortaleciendo tu resolución. Esta base es el bloque de construcción en el cual puedes crear fe y confianza dentro de ti mismo.

También puedes crear un pequeño ritual para que lo sigas cuando la preocupación se cuela. Esta es una práctica en la que puedes transferir la energía de tu miedo a otro objeto. Ejemplos de esto incluyen escribir tus inquietudes en una hoja de papel. Luego, quemar ese papel y frotar todas tus frustraciones en piedra, para que ya no necesites sentir los efectos de la preocupación.

Incluso puedes hacerlo tan fácil como con una almohada que golpeas cuando las emociones se elevan para liberar la presión físicamente.

Cualquiera sea tu método, el objetivo del ejercicio es transferir la energía y tener una creencia profunda de que cualquier proceso que hayas elegido ha funcionado. Hacer esto te ayudará a no tener más este estado emocional.

Cual Es El Resultado De Afrontar Tus Miedos Y Preocupaciones?

Abordar estas preocupaciones y miedos te ayudará a conocer tu trabajo interno mucho más íntimamente. Como en la mayoría de las batallas, es el lado que tiene la mejor estrategia y fuerza el que determina al ganador. Aunque no lo parezca, puedes ganar esta batalla cada vez. Es tu cuerpo y tu vida, y tienes de control de cómo lo vivirás.

Durante estas batallas recurrentes, te darás cuenta de la fortaleza y de la fuerza de voluntad que tienes dentro para luchar por liberarte de estos pensamientos, que se harán cada vez más fuertes. Una vez que puedas conquistar tus patrones de pensamiento, no mirarás hacia atrás. No permitirás que tu mente controle tus emociones y tu vida, y vivirás tu vida en libertad, aprovechando las oportunidades y el camino menos transitado porque tus miedos y preocupaciones ya no te agobian.

Descubrirás que estás más concentrado que antes cuando todos estos pensamientos corrían por tu mente. La claridad y la dirección abrumarán todos los proyectos y oportunidades que hayas atraído tras practicar la ley de atracción, y tendrás la tranquilidad de que nunca pensaste que era posible cuando comenzaste este viaje. Vale la pena luchar por llegar a este punto de tu vida: una experiencia productiva y alegre donde puedes dormir bien durante la noche y despertarte listo para enfrentarte al mundo la mañana siguiente.

Capítulo Nueve:

Reconstruyendo Tu Autoestima

La autoestima comprende autoaceptación, amor propio y autocomprensión. Es una medida precisa de cómo te consideras y valoras a pesar de que otras personas expresen una opinión diferente. No puede influir fácilmente en tus creencias, incluso cuando las circunstancias cambian, ya que pueden ser constantes y constantes. Debido a esto, puedes tomar una dirección que transforme todos los aspectos de tu vida para mejor.

Tu autoestima se basa en tener una estimación positiva y una opinión de ti mismo mientras posees una fe e integridad inquebrantables, que no se basan en nadie más. Un sólido sentido de valía trae la sensación de merecer amor, éxito, riqueza, salud y felicidad, incluso frente a las opiniones, decepciones y contratiempos de las personas.

Esta creencia está vigente a pesar de sus limitaciones, debilidades y defectos porque ha aceptado que nadie es perfecto. Sin embargo, aún comprende que estas creencias no son atributos permanentes. Poseer autoestima es un factor integral en cómo te sientes hacia tus circunstancias y tu vida, al tiempo que te sientes en paz de que tienes el control de tu mundo.

Cómo Se Gana La Autoestima?

Esta no es una razón de ser por la que trabajas durante toda tu vida; Es un proceso constante que siempre se está probando para que pueda continuar profundizando y transformando cómo te sientes contigo mismo. No es algo que puedas construir en poco tiempo. Al igual que una casa, no deseas construirla en unos pocos meses; de lo contrario, tu hogar se vendrá abajo en poco tiempo. Cualquier cosa que valga la dedicación de trabajar diligentemente e intensamente en tí mismo tiene un valor inherentemente profundo. Revisaremos varios procesos que puedes practicar para desarrollar un sentido sólido de tu valor.

La Etapa De La Auto Comprensión

Tener un sentido de autocomprensión significa que tienes una relación profunda con tu yo interno que es intensa y significativa. Llegar al verdadero núcleo de lo que eres puede ser difícil, ya que es probable que aprendas cosas nuevas sobre ti todo el tiempo. Sin embargo, la mejor manera de pensar acerca de cómo defines tu yo interior es pensar en esta pregunta:

Qué pasa si todo lo que te define externamente te fue quitado? Esto incluiría tus posesiones físicas, logros, amistades, relaciones, dinero y carrera.

Puede ser una tarea difícil imaginarnos sin todos estos títulos y posesiones, ya que pueden sentirse arraigados en lo que somos como individuos. Siéntate con esta pregunta hasta que puedas imaginar quién serías sin ellos y escribe tus pensamientos en un diario si te ayuda a comprender la imágen completa. Luego, responde estas preguntas de manera completa y honesta:

- Cómo me hace sentir que me hayan quitado estos elementos?
- Quién queda detrás después de arrojar estas partes de mi vida?
- Qué valor le he dado a esta situación?
- Qué pasaría si todo lo que me quedara fuera yo mismo?

No hay respuestas correctas o incorrectas, ya que esta es una medida de tu propio valor.

Ahora, toma estas realizaciones y anótalas en tu diario. Dirías que tienes un alto o bajo sentido de autoestima? Quizás estás en algún punto intermedio. Es fantástico que puedas conectarte contigo mismo de tal manera que puedas verte en el espejo de tu ser interior. Esto te dará un punto de partida para saber en qué lugar te encuentras, sintiendo una sensación segura de autoestima inquebrantable.

Si posees un nivel sólido de autoestima, no cambiarás de tu ser central, incluso dada la situación anterior. Si te quitaran alguno de estos elementos o una combinación de ellos, no te desglosaría. Lo verías tal y como es y seguirías avanzando. No te hará titubear y tu confianza en ti mismo seguirá siendo inquebrantable. Esto se debe a que has llegado con éxito a un punto en el que tus circunstancias externas no tienen en cuenta la medida de tu valor personal.

Si este no fue tu caso, no te preocupes. Cualquiera puede llegar a este punto de valorarse completamente. Solo necesitas ser diligente al trabajar con estas estrategias para llegar a este punto. Todos estamos en etapas de trabajo en progreso, y es cuando te rindes y aceptas que nada cambiará que te pierdes de experimentar todo tu potencial.

Si este es el caso, házte las siguientes preguntas para poder obtener una comprensión más profunda y aprender quién eres tú en el núcleo:

- Quién soy yo?
- Quien no soy?
- Qué sentimientos tengo sobre mí mismo?

- Cómo estoy en el mundo?
- Cómo me perciben los demás?
- De qué manera los demás hablan de mí?
- Qué momentos de la vida me definen como persona hoy?
- Qué me trae más alegría, satisfacción y pasión?

Estas preguntas están diseñadas para obtener una perspectiva de tu valor y cambiarán a medida que continúes tu viaje. Es posible que no te gusten todas las respuestas si eres honesto contigo mismo, que es el punto. El proceso es sobre cómo puedes mejorar tu autoimagen. Además, no es necesariamente importante lo que la gente piense de ti, pero mostrará tu percepción de cómo los demás te perciben y cómo te hace sentir. Te dará la información que necesitas para profundizar en ti mismo.

Considerando la comprensión de quién eres tú, es importante reconocer cuáles son tus luchas, debilidades y fortalezas. Estos son los aspectos de ti mismo que crees y no provienen de ninguna fuente externa. Las preguntas que puedes hacerte para tener una mejor comprensión son:

- En qué áreas de mi vida lucho más?
- Dónde necesito mejorar?
- Qué temores me retienen de todo mi potencial?
- Qué emociones y reacciones me hieren como persona?
- Qué errores cometo constantemente?
- En qué áreas de mi vida me defraudo constantemente?
- Qué habilidades poseo?
- En qué soy bueno?

Ser honesto y real te beneficiará al máximo con estos ejercicios. Nunca tienes que compartirlos con otras personas si no lo deseas, y es información solo para tus ojos. Cuando trabajes activamente para responder estas preguntas y mejores las áreas que requieren atención, desbloquearás la clave para avanzar con tus tareas diarias, lo que aumentará tu autoestima.

Estudia tus respuestas a estas preguntas diariamente para poder obtener una mejor comprensión de tí mismo y de quién eres como persona. Cuanto más trabajes para responder estas preguntas, más descubrirás de dónde nace tu verdadera autoestima. Luego desbloquearás la clave de la comprensión, sin importar lo que se transforme y cambie en tu mundo externo. A medida que te des cuenta, comenzarás a construir tu mundo propio con una base sólida.

La Etapa De Construcción

Ahora dependemos en gran medida de las redes sociales para mantenernos en contacto con el mundo. Es mejor **limitar o eliminar los sitios de redes sociales** mientras tratamos de encontrar nuestra verdadera autoestima. Cuando pasas el día tratando de obtener tantos comentarios y me gusta de otras personas, pierdes tu enfoque en tu misión.

Si sientes que no puedes renunciar a este aspecto de tu vida ni siquiera por un corto tiempo, pregúntate por qué puede ser éste el caso. Es para obtener elogios o reconocimiento, o es solo para prácticas comerciales y para mantenerte al día con familiares y amigos? Justifica la razón para mantenerlo en tu vida durante este proceso. Si no te sirve a tí ni a tu objetivo, vota por dejarlo por un tiempo hasta que estés más centrado.

Participar en más interacciones cara a cara con las personas. Esto te permitirá conectarte más profundamente con tus seres queridos y al mismo tiempo crear nuevas amistades. Escucha los diferentes puntos de vista y perspectivas para que puedas preguntarte dónde te encuentras con estas situaciones. Asegúrate de mantener una mente abierta y honesta, ya que algunos de tus pensamientos anteriores pueden haber sido injustificados y puedes solidificar estas creencias injustificadas.

Todos los días, debes **mantener un diálogo positivo contigo mismo**. No hay razón para humillarte, incluso durante los fracasos percibidos. Manten una mentalidad elevada para que puedas darte cuenta de la lección de tus fracasos y aprender cuando surja una situación similar.

Deja de compararte con otras personas. Este es un camino seguro para destruir tu sentido de valor. Estar orgulloso de la otra persona por sus logros y menospreciarte porque no has hecho lo mismo puede dañarte mental y físicamente. Acepta que todos somos individuos en nuestros viajes y caminos. Lograrás lo que necesites durante tu vida.

Tómate un tiempo para tí. Tal vez pienses en este momento como en una cita. Participa en actividades que no practicarías regularmente y amplía tus horizontes. Haz algo nuevo o incluso algo que temes todos los días. Cuando salgas de tu zona de confort, es la mejor oportunidad para crecer como persona mientras aprendes más sobre ti. Tómate el tiempo para redescubrir tus ambiciones, metas y pasiones y aprovechar al máximo tu vida.

Si aún no tienes una relación comprometida, **considera permanecer soltero** mientras realizas este proceso. Muchos cambios pueden ocurrir en poco tiempo y la mayoría de las personas no pueden ajustarse adecuadamente, lo que puede terminar en una ruptura. Esta no es una forma de evitar vivir la vida con sus dificultades, pero debes ponerte en primer lugar cuando trabajas en ti mismo. Además, no puedes ser una pareja completa y amorosa si no puedes amarte a ti mismo primero.

Si estás en una relación, **habla abiertamente con tu pareja** sobre tus objetivos y por qué. Abrir la comunicación sobre estos asuntos los acercará y probablemente querrán pasar por el proceso al mismo tiempo. Por lo menos, habrá una comprensión del futuro por venir. Tendrás apoyo en todos los altibajos, y te amará más por tu deseo de mejorar.

Tal vez hayas pasado por un mal momento en tu vida, y debes reconstruirte después de que tu sentido de tí mismo y tu comprensión se rompan. No te preocupes. Esto le sucede a más personas de las que crees. Se trata de cómo manejas y ves la situación. Asegúrate de darte tiempo para **trabajar en los aspectos emocionales** del asunto. Usa las técnicas del capítulo uno para actuar contra las situaciones negativas de tu vida. Ayudará a tu curación, y encontrarás tu autocomprensión y valor mucho más rápido.

Vé el hoy como tu último día para vivir. Ninguno de nosotros saldrá vivo de aquí, y nadie sabe cuándo morirá. No tiene por qué ser un tema mórbido sino una forma diferente de pensar positivamente. Si vives tu vida como si pudieras morir en cualquier momento, estarás más dispuesto a correr riesgos para vivir la vida que deseas. Dirás que sí a las oportunidades que luego lamentarás no haber aprovechado. Dirás no a aquellos que no valen tu tiempo y no enriquecerán tu alma. Vivir de esta manera es posiblemente la forma más enriquecedora en la que puedes honrarte a ti mismo y a tu vida.

Respaldar tus palabras con acciones no solo te lleva a ser una persona más creíble y confiable. También mantendrá las cosas relativamente sencillas porque sabes lo que debes esperar de ti mismo. Muestra tu integridad no solo a ti mismo, sino también a los que te rodean, y provocará un efecto dominó positivo. Es comprensible que las cosas no se hagan como había prometido, pero es cuando constantemente no se llevan a cabo las acciones cuando se derrumba la confianza que la gente tenía en ti.

Cuando debes enfocarte en un proyecto a mano de un asunto urgente o uno en el que necesitas concentración total, es mejor **eliminar tantas distracciones como te sea posible**. Puedes hacer esto fácilmente poniendo tu teléfono en silencio y encontrando un lugar tranquilo para hacer tu trabajo. Cuando tienes correos electrónicos o llamadas telefónicas que continúan desviando tu atención de la tarea en cuestión, puedes agregar fácilmente una o dos horas en comparación con una hora de trabajo concentrado. Serás más productivo y casi nada es crucial para que dejes todo para abordarlo de inmediato.

A veces, la **disciplina** puede parecer una palabra negativa, pero comúnmente podemos olvidar que la disciplina es un valor que tiene muchos efectos positivos y beneficios. Las formas en que puedes usar la disciplina diariamente es establecer una tarea durante un período de tiempo específico digamos un mes, para que la completes. Algunos ejemplos pueden ser dejar de dormir frente al televisor o dejar el alcohol. Elijas lo que elijas, mejorará tu vida de alguna manera.

Una vez que puedas lograr los objetivos más pequeños, puedes pasar a tareas personales más grandes que tus intenciones respaldarán. Estas podrían ser leer un libro durante al menos una hora al día o ir a correr tres millas. Es probable que te lleven más tiempo que renunciar a algo que consumes, pero los beneficios que obtendrás serán más significativos.

Es esencial **tomarte un tiempo para reflexionar** sobre lo que has aprendido durante el día o prepararte mentalmente para un evento. Puedes hacerlo por la mañana o antes de irte a dormir, o incluso ambos. Ser capaz de tomarte este tiempo mantendrá tu mente más agudizada sobre los asuntos en cuestión, y reiterará lo que habías experimentado durante el día. También te mantendrá más preparado a medida que tu día se desarrolle para que estés más firme e inquebrantable.

Es útil llevar un diario para que también puedas ampliar este tiempo para revisar lo que sucedió y seguir creciendo. Seguir esta medida te hará responsable y te permitirá controlarte y saber cómo mejorar al día siguiente. Escribir tus reflexiones en un diario no debería tomar más de diez minutos, pero puede afectar tu vida de tal manera que este pequeño gesto te conducirá a cambios masivos a lo largo de tu vida.

Ganar Autoconfianza

Sal de tu zona de confort haciendo algo que temes cada día. Esto podría ser tan simple como tomar otra ruta al trabajo porque puede haber resultados inesperados o algo mucho más extremo. La conclusión es empujar el sobre y conquistar tu desafío diario. Cada vez que tienes éxito, estás fortaleciendo tus niveles de confianza. Es aún más efectivo si te enfrentas a tus miedos.

Cuando puedes enfrentar tus miedos, sientes que tienes el control. Puedes tomar decisiones más sensatas que no estén basadas en la emoción. Debes lidiar con tus preocupaciones en un momento u otro porque no te sirve de nada ignorar, negar o evitar tus miedos. Continuarán carcomiéndote y te harán sentir impotente, y reaccionarás emocionalmente.

Al establecer metas personales para tí mismo, no intentes dispararle a la luna al principio. Solo te prepararás para el fracaso; sin embargo, si comienzas con objetivos más pequeños y más alcanzables, aumentarás tu confianza más rápidamente. Si descubres que constantemente estás tachando tus metas de tu lista, puedes establecer metas más desafiantes para ti. Poco a poco, lograrás todo lo que te propongas hacer, y continuarás esforzándose para lograr más.

También es útil mantener una lista de los objetivos que has logrado. Este será un recordatorio de las luchas que pudiste haber tenido en el pasado y que ya hayas superado. También será un recordatorio de tu historial de impulsarte hacia objetivos más desafiantes. Cuando tengas pruebas de que puedes superar obstáculos desafiantes, tendrás menos miedo cuando establezcas tus nuevas metas.

Otro gran refuerzo de confianza es estar lo más preparado posible. Ya sea una presentación, una entrevista de trabajo o una cena con tu familia, prepárate mental y físicamente para cualquier desafío que se te presente. Cuanto más te eduques con anticipación, más seguro te sentirás sobre la situación. Todos los que te rodean también notarán tu confianza, haciéndolos más dispuestos a escuchar y creer en lo que estás diciendo.

Otro método útil es salir de ti mismo y ayudar a los demás. Cuando trabajas con personas que necesitan ayuda, te recordará que debes estar agradecido por las cosas que tienes. Este ejercicio te ayudará a reconocer tus fortalezas, principalmente si usas tu conocimiento para ayudar a otros. No solo te sentirás bien al ayudar a otras personas, sino que también aumentarás su confianza.

También puedes practicar afirmaciones positivas. Estas son declaraciones que nos levantan el ánimo y son ideas que nos decimos a nosotros mismos para construir nuestra confianza. Son más efectivos cuando los decimos en voz alta y los convertimos en mantras para nosotros cada día. También es ideal crear estas afirmaciones en forma de pregunta, para que continúes el diálogo en tu mente. Esto mantendrá tu mente en el tema y continuará construyendo tu autoconfianza cuando des por válida la pregunta con tus respuestas.

Cuando intentes mejorar tu autoconfianza, debes examinarte a tí mismo durante mucho tiempo para saber en qué debes progresar. Es mejor comenzar un diario donde puedas registrar los pensamientos que tienes sobre tí. Si descubres que tienes muchos pensamientos negativos sobre ti mismo, deberás analizar el razonamiento detrás de estos pensamientos y si son ciertos.

A continuación, deberás analizar tus limitaciones y por qué sientes que crees que las tienes. Una vez más, eres tu peor enemigo por poner obstáculos en el camino de realizar todo tu potencial como persona. Cuando elimines estos pensamientos limitantes de tu pensamiento, te permitirás perseguir cualquier objetivo personal que te propongas para construir tu autoconfianza.

Cuanto más curiosa sea tu naturaleza, más podrás transformar tu mente y tu corazón.

Continuarás descubriendo nueva información y experiencias cuando tengas esta mentalidad. Siempre tienes la opción de sentir o actuar. Una vez que tomes esta iniciativa, verás cómo este estado mental cambia tu percepción de tí mismo y del mundo.

Con la vida, debes tener una dirección en la cual correr. Puede basar esto en los principios que aprecias. Si no puedes identificar tus creencias, debes tomarte el tiempo para solidificar tus objetivos, cómo vivir tu vida con pasión y determinación. Si sabes lo que crees, te ayudará a mantenerte al día con tus objetivos personales, y aumentará tu confianza en tí mismo.

Una manera fácil de generar confianza en ti mismo es poner un poco de esfuerzo en tu apariencia. Esto puede ser tan simple como sonreír más o preocuparte más por tu apariencia, como arreglar tu postura. Estas son pequeñas cosas que pueden iniciar una reacción en cadena, lo que lleva a un cambio significativo en cómo te sientes contigo mismo. Cuando te miras en el espejo, quieres estar satisfecho con lo que ves. Cuando das un paso honesto hacia adelante, automáticamente construirás tus niveles de confianza.

No solo se aplica a tu apariencia externa porque lo que hay en el interior es igual de importante, si no más. Además de trabajar para hacer que tus pensamientos y creencias sean más positivos, necesitas poner algo de energía para encontrar gratitud por lo que tienes en la vida. Como dicen, todo está en las cosas pequeñas, pero todas pueden sumarse a algo grandioso.

Para evitar la sobrecarga de información, nuestros cerebros almacenan sólo la información consistente con nuestra propia imagen, valores y creencias. Es por eso que recordamos solo las experiencias con las que tenemos una conexión personal. Entonces, tu cerebro está en última instancia sesgado. Si tienes baja autoestima o confianza en tí mismo, sólo recordarás los hechos que respaldan estas creencias que tienes sobre tí mismo.

Si descubres que este es el caso para ti, piensa en los recuerdos que desencadenan este tipo de sentimientos, pensamientos y creencias negativos. Es probable que tu cerebro omita partes esenciales de las instancias que necesita reevaluar. Si tienes dificultades para descifrar la verdad del asunto, consulta con otra persona que estuvo presente, ya que pueden tener una perspectiva diferente del evento.

Capítulo Diez:

Descubriendo La Felicidad En Tu Vida

Puede ser fácil para tí encontrar el éxito en la vida al obtener el sueño americano de una hermosa casa, un auto, pareja y trabajo. Sin embargo, muchas personas encuentran que no importa cuán duro trabajen para obtener estos componentes para su vida, todavía falta una pieza del rompecabezas, ya que siempre deseas más y no estás contento con lo que tienes. No hay nada intrínsecamente malo en perseguir más, pero también debes tener la mentalidad correcta para poder disfrutar de tu vida en su conjunto y ser verdaderamente feliz.

Pasos Diarios Para Construir Felicidad En Tu Vida

En primer lugar, debes vivir una vida en la que estés satisfecho con tus objetivos actuales. No puedes vivir los sueños de otra persona y buscar su aprobación o alabanza. Si no te gusta perseguir estos sueños, no los disfrutarás en lo más mínimo. Incluso puedes comenzar a resentirte con la persona cuyos sueños está tratando de lograr para obtener tu aprobación.

No hay ninguna razón por la cual alguien deba vivir indirectamente a través de tí, ya que esta es tu vida y tú estás a cargo de tu felicidad.

Cuando vives tu vida por los demás, simplemente no estás siendo tu ser auténtico. En cambio, te estás poniendo una máscara falsa de quién eres en tu núcleo y tratando de complacer a los demás en lugar de esforzarte para lograr las cosas que quieres en la vida. Siempre existe el riesgo de ser uno mismo, pero hay grandes recompensas cuando lo haces. No necesitas responder a nadie más que a tí mismo. Estás a cargo de tu destino junto con todos los fracasos y éxitos que te acompañan.

Encontrar la felicidad en la vida no necesita ser una tarea ardua. De hecho, la mayor parte del proceso es poder ver tu vida desde una perspectiva diferente. Al poder verte desde afuera hacia adentro, podrás apreciar más profundamente lo que tienes y lo que no tienes. Quítate los zapatos y finge que tu amigo te está contando todos los logros de su vida. Cómo responderías? Estarías orgulloso de él? Lo más probable es que seas más positivo con las palabras de tus amigos, entonces, por qué no aplicar el mismo concepto a tu propia vida?

Centrarte en las cosas positivas de la vida puede ayudarte a encontrar más felicidad en todo lo que haces. De hecho, como hemos visto, la mentalidad negativa no nos favorece. Entonces, cuando experimentes un punto en el que tus pensamientos se centren en lo negativo, asegúrate de sentarte y pensar en al menos tres cosas positivas que te estén sucediendo en este momento. Este es un ejercicio especialmente útil para practicar en días malos. Puede parecer terrible ahora, pero todo termina y este terrible día o evento terminará. Solo tienes que tener una mentalidad positiva para poder superar estos eventos desafiantes y así poder apreciarlos por las lecciones que son.

Incluso si no estás teniendo un mal día, es útil hacer un inventario de lo que está yendo bien en tu vida. Cuando enfocas tu mente en los aspectos positivos, con mayor frecuencia ocurrirán, esta es la ley de atracción. Así que tómate el tiempo de cada día para recordar las cosas positivas y tal vez incluso anótalas para que puedas consultarlas cuando tengas problemas para recordar lo que está sucediendo en tu vida. Una vez al mes, revisa estas notas para ver lo que has logrado y lo que te ha hecho feliz, lo que te hará sentir más agradecido y apreciativo por tu vida. Asegúrate de tener en cuenta incluso las cosas pequeñas, ya que pueden llegar a ser bastante impactantes en el futuro.

Debes poder encontrar el equilibrio en todos los aspectos de tu vida. Para la mayoría, esto significa que deben equilibrar el trabajo y la vida personal. No deseas que alguno te tome más tiempo o te cause demasiado dolor. Si descubres que estás trabajando largas horas y, sin embargo, no pasas suficiente tiempo con tus hijos, necesitas encontrar una manera de disfrutar el tiempo que tienes con tu familia en lugar de sentarte detrás de la computadora en el trabajo. Quizás esto significa que comienzas a buscar un trabajo que te pague lo que vales en lugar de permanecer en el mismo empleo durante años, lo que no te brindará el reconocimiento que necesitas. Al final del día, debes estar haciendo un trabajo que te satisfaga para poder continuar esforzándose por poner lo mejor de tí en el trabajo que realizas.

Hay otros aspectos además del trabajo y la familia, como asegurarte de hacer suficiente ejercicio y pasar tiempo con amigos. Tal vez hay un pasatiempo que hayas querido retomar, pero no te has permitido el tiempo. Siéntate y escribe todos los aspectos principales de tu vida y decide si están recibiendo suficiente tiempo. De lo contrario, establece un horario para que cada parte de tu vida reciba suficiente atención hasta que se convierta en una nueva rutina y hábito. Debes asegurarte de equilibrar el trabajo versus el placer mientras planeas reducir tu estrés y elevar tus niveles de felicidad.

Mantener tus pensamientos en el momento presente en lugar de pasar una gran cantidad de tiempo preocupándote por el pasado o las cosas que aún no han ocurrido es la mejor manera de tomar nota y apreciar todo lo que está sucediendo. Si te encuentras soñando despierto en tu tiempo libre con las cosas que podrías haber hecho de manera diferente, simplemente no tendrás tu atención enfocada en lo que está sucediendo ahora. Ser capaz de calmar tu mente durante el día, según sea necesario, te ayudará a volver a concentrarte en el aquí y ahora. Si descubres que estás estresado o que tu mente divaga, respira hondo para devolverte al centro, para que puedas llevar tus pensamientos a un lugar positivo.

Algunas personas son muy críticas consigo mismas cuando no es necesario. Para aquellos de ustedes que experimentan esto regularmente, deben reconocer que nadie es perfecto. De hecho, es a través de estas imperfecciones en ti mismo que puedes aprender más. No hay nada de malo en esforzarse por ser lo mejor posible, pero encontrarás que estás menos estresado y más feliz si aceptas que simplemente no eres bueno en algunas cosás. Al reconocer este hecho, puedes ser menos crítico contigo mismo y, a su vez, encontrarás más felicidad dentro de ti.

Ser capaz de retribuir a los demás es una forma de encontrar más felicidad en tu vida. Esto se puede hacer donando tu tiempo y dinero a proyectos que significan algo para tí. Si puedes compartir lo que sabes en la vida con los demás, no solo estarás enriqueciendo la vida de otra persona, sino que también te sentirás bien al ofrecerte a ti mismo para mejorar tu comunidad o incluso el mundo. De hecho, poder brindarte a los demás mejorará los aspectos mentales y físicos de tu vida, ya que reducirás tus niveles de estrés y, por lo tanto, tu presión arterial.

A veces puedes encontrar que es difícil ser feliz en la vida cuando es la misma rutina día tras día. Necesitas mezclar tu rutina de vez en cuando para evitar que tu vida te aburra. Tómate el tiempo para escribir una lista de lo que deseas lograr. Esto puede incluir ir a un país extranjero que siempre quisiste visitar o aprender un nuevo idioma. Debería haber elementos en la lista que te hagan salir de tu zona de confort y convertirla en un desafío. Cuando taches uno de estos elementos cada dos o tres meses, aumentarás tus niveles de confianza y felicidad porque tendrás algo emocionante que esperar.

Para muchas personas, la música es una forma de vida, pero a veces no dejamos que nos ayude a levantar nuestro ánimo. Es una pena porque escuchar música liberará dopamina en el cerebro, también conocida como la "hormona feliz", lo que hará que sientas placer. Así que asegúrate de incorporar música que disfrutes a tu día, ya sea escuchando tu estación de radio favorita en el trabajo o teniendo un mini concierto cuando estés cocinando la cena por la noche. Disfrútalo y diviértete!

Una forma de asegurarte de que eres más feliz en la vida es dejar de compararte con otras personas. Todos somos individuos únicos, que es lo que hace que la vida sea tan interesante. Simplemente no podrás lograr las mismas cosas que otras personas pueden o han hecho en sus propias vidas. En cambio, siéntete orgulloso de esas personas y admítelas en lugar de desanimarte por no hacer lo mismo. Puedes ser curioso y preguntarles qué los impulsó a alcanzar estos objetivos en sus vidas, lo que te dará inspiración para usar las mismas tácticas mientras trabajas para alcanzar tus objetivos individuales.

En esta misma línea de pensamiento, debes desear encontrar formas de no preocuparte tanto por las pequeñas cosas. Cuando te preocupas, creas una ansiedad tóxica que ayuda a tu mente a permanecer en una mentalidad negativa. No es saludable preocuparse, ya que tus pensamientos comenzarán a descontrolarse. Si permites que tus preocupaciones se apoderen de tu mente y pensamientos, crearás miedos innecesarios que te impedirán darte cuenta de tu verdadero ser. Si descubres que te preocupas constantemente, necesitas trabajar para encontrar cosas en tu vida que estén yendo bien en este momento, para que puedas encontrar gratitud en tu corazón. Esto resultará en un mejor uso de tu tiempo y no te conducirá a una depresión autoinducida.

En la sociedad moderna, encontrarás a la mayoría de las personas caminando con sus teléfonos en sus manos y sin interactuar directamente con los demás. Esto puede ser peligroso para tu bienestar mental y físico. De hecho, cuando puedas guardar tus dispositivos electrónicos por un corto período de tiempo, podrás rejuvenecerte y conectarte con las personas y la naturaleza que te rodean. Puedes hacer esto sin mirar tu teléfono mientras comes, hablando con la gente que está alrededor de la mesa o incluso dando un paseo por la naturaleza. No solo podrás conectarte con otros a un nivel más profundo, sino que también te relacionarás con otros mucho más fácilmente. Esto a su vez creará una mayor sensación de felicidad para ti, ya que te sentirás más conectado con las personas y el mundo que te rodea.

Esto puede parecer bastante simple, pero asegúrate de sonreír más a lo largo del día. No solo hará que las personas a tu alrededor sonrían más, sino que este simple acto también te afectará internamente. Descubrirás que sonreír más afectará tu vida de manera más positiva, y las personas serán más amigables contigo. Incluso sonreír a extraños al azar mientras caminas por la calle puede causar una reacción en cadena. Y nunca se sabe, pudiste haber animado a alguien que estaba teniendo un día horrible. Tener ese pensamiento en mente mientras le sonríes a alguien te ayudará a sentirte más feliz.

El estrés puede ser un gran asesino de la felicidad. Si por naturaleza eres una persona muy estresada, descubre la raíz del problema. Tu estrés se debe a tu trabajo, te sientes fuera de control en ciertas situaciones o siempre te preocupas por llegar tarde? Sé honesto contigo mismo al discernir los problemas subyacentes y toma medidas para resolverlos. Las soluciones más fáciles para estos problemas pueden ser cambiar de carrera, aceptar que no siempre tendrás el control y despertarte 15 o 20 minutos antes. Cuando realices estos cambios en tu vida, no importa cuán pequeños sean, te darás cuenta del enorme impacto que generan a medida que se vayan acumulando.

Estar en un espacio superior que te permite perdonar a los demás, no importa cuánto tiempo hayas guardado rencor, liberará cargas que ni siquiera te diste cuenta que llevabas. Cuando puedas preguntarte honestamente qué se necesitaría para soltar tus sentimientos negativos hacia un miembro de la familia o un compañero de trabajo, te darás cuenta de que es mejor para tu salud en general simplemente dejarlo ir. Ser capaz de perdonarlos y perdonarte a ti mismo te permitirá tener más espacio en tu corazón y mente para experimentar las cosas más felices de la vida. Tampoco dejarás que el pasado te detenga, así podrás volar hacia un futuro más brillante.

Descubriendo Tu Verdadero Ser Interior

Ser tu verdadero o auténtico ser es una de las mejores cosas que puedes hacer por ti mismo. Cuando te tomes el tiempo para comprender tus valores fundamentales y quién eres tú como persona, te mantendrás alejado de cualquier cosa que no se alinee con esos valores. Pregúntate en qué crees y cómo te defines. Cuando te sientas más cómodo en tu piel, encontrarás felicidad en todo lo que logres.

Aunque parezca más difícil en el papel, cuanto más puedas volver al núcleo de quién eres, para ser más auténtico, descubrirás que tendrás energía de sobra para trabajar en tus objetivos. Esto se debe a que no necesitarás pensar en cómo actuar cerca de cierta persona porque sientes que estás caminando sobre cáscaras de huevo. Simplemente serías tú mismo a su alrededor o pasarías menos tiempo con esta persona específica.

Cuando eres auténtico, eres la versión sólida de ti mismo. Es un nivel más alto de autoestima en el que puedes vivir tu vida con confianza y sin temor a que los juicios te impidan seguir el camino que te has propuesto. Por supuesto, vivir tu vida no viene sin sus desafíos.

Hemos tocado el primero, refiriéndonos a cómo puedes necesitar romper relaciones con personas que no están en el mismo nivel que tú. Descubrirás que puede ser más difícil ser honesto contigo mismo cuando te rodeas de aquellos que quieren ser auténticos y sinceros. Las personas con las que pasas el rato a menudo son las que darán forma y construirán quién eres como persona. Si pasas una cantidad significativa de tiempo con personas que te arrastren a su nivel, no te ayudará a fortalecer tu núcleo interno para convertirte en tu ser auténtico y honesto.

Cuando descubras que las personas con las cuales te has estado vinculando no se alinean con tus verdaderas aspiraciones, tómate el tiempo para cultivar relaciones significativas que te ayudarán a aprender y crecer. Crear una tribu de personas que pueda ser un sistema de apoyo para todos los involucrados es una excelente manera de comenzar a sentirnos más seguros y felices. Cuando no tienes a nadie allí que pueda ayudarte en los buenos y malos momentos, la vida puede parecer aislada y solitaria. Sin embargo, cuando puedas encontrar personas que estén en el mismo camino que tú, encontrarás más felicidad en lo que haces, junto con todos los demás en tu tribu.

Entonces, cómo haces para vivir tu vida de una manera auténtica? La primera base para vivir tu vida con autenticidad es trabajar en los ejercicios de autoestima y encontrar fuerza en quién eres tú. Entonces, puedes vivir una vida mucho más genuina que simplemente tomar la decisión de hacerlo y no actuar en consecuencia. Esto se debe al concepto de que las opiniones de otras personas no pueden renunciar a su autoestima. Todo esto te ayudará a ser más sólido e inquebrantable.

También puedes usar la visualización para verte en situaciones nuevas y cómo lidiar con ellas. Esto te dará una idea de tus valores fundamentales y al mismo tiempo te empujará a ser su mejor yo. Esta visión puede ser que veas el objetivo ideal o el resultado de una situación y dónde te gustaría estar, incluso sin tener un plan claro sobre cómo llegar allí. El uso regular de este método te ayudará a mantener tus pensamientos sobre estos resultados previstos en particular y te ayudará a formular un plan para llegar allí.

Tal vez tengas un modelo a seguir que sea un maestro en el logro, la habilidad o el talento que deseas adquirir. Si es así, estudia su vida y los métodos que utilizó para ayudarte a reflejar lo mismo en tu vida. Esta táctica sólo será utilizada si estos mentores están en el mismo camino que tú, porque de lo contrario, estarás viviendo indirectamente a través de tu modelo a seguir. Querrás encarnar sus objetivos porque son iguales o similares a los tuyos.

Pensar de manera constructiva sobre qué quieres lograr en tu vida te ayudará a pensar en formas de llegar allí. Luego, puedes usar el plan S.M.A.R.T. para lograrlo. Si estableces tu intención de trabajar en estos objetivos, estarán en primer plano en tu mente y luego podrás trabajar activamente para alcanzarlos.

Mantenerte fiel a quién tú eres puede ayudarte a continuar fortaleciéndote y haciendo crecer tu ser en general. Encontrarás más felicidad y propósito en todo lo que hagas cuando puedas pensar de manera constructiva sobre tu camino en la vida porque lo estás haciendo únicamente para mejorarlo. Cuando estás en camino a convertirte en una persona genuina, estarás en perfecta alineación con tu ser interior y puede que quieras seguir esforzándote por ser mejor en todos los sentidos. Serás feliz en todo lo que te propongas lograr cuando puedas estar en este nivel de honestidad contigo mismo.

Recuerda que la única persona que te detiene eres tú mismo, y tú también eres el único que realmente puede avanzar. Puedes ser afortunado de tener mentores y sistemas de apoyo en el camino, pero debes tener la confianza dentro de tí mismo para hacer esto por tu propia cuenta, en caso de que esas personas no estén allí para tí cuando los necesites. En cualquier caso, con la mentalidad correcta, podrás lograr cualquier cosa que te propongas hacer en tu vida, y encontrarás que la felicidad vendrá con todos estos logros. Todo tiene que ver con tener la mentalidad correcta.

Palabras finales

Tener la iniciativa, la determinación y la disciplina para llevar a cabo los pasos del hackeo mental puede ser una tarea enorme. Cuando implementes los muchos ejercicios dentro de estas páginas, verás beneficios. Una vez que esto comienza, no hay nadie que te detenga, excepto tú mismo. Puedes llevar esto tan lejos como te sea posible, y tendrás un éxito sin precedentes en todas las áreas de tu vida.

Incluso si encuentras demasiado desafiante pasar por todo el proceso, tu vida habrá pasado por alguna medida de cambio. Nunca renuncies a intentar mejorar, ya que te debes a ti mismo alcanzar tu máximo y más brillante potencial.

Saber ahora que puedes controlar tu mente en lugar de que ella te controle a tí puede ser un sentimiento liberador. Recuperar el control de tu mente es todo un desafío, pero aquellos que presionan mucho alcanzarán sus objetivos.

El mayor obstáculo que enfrentarás al principio será comprender y dominar las emociones y miedos que te están frenando. Esta es una parte crítica del proceso, ya que necesitas aprender a trabajar con estos pensamientos, para que no dominen tu vida. Después de los ejercicios, encontrarás el éxito, incluso en emociones y desencadenantes profundamente arraigados que te han acosado durante años. Saber que existe la posibilidad de que la vida pueda cambiar para mejor es un desarrollo esclarecedor que puedes adoptar y ejecutar.

Comprenderte a ti mismo y a los demás es algo que puede ayudarte a ayudar a otros además de a ti mismo. Tendrás relaciones más profundas con familiares, amigos y compañeros de trabajo, y estas habilidades y hábitos te seguirán por el resto de tu vida. Cuando puedes saber lo que otra persona está pensando, eliminas muchas conjeturas de todas las situaciones.

Detener los lazos del proceso de pensamiento negativo será una gran victoria para ti. Una vez que hayas logrado esto, estarás en la vía rápida para seguir todas tus esperanzas y sueños. Es un sentimiento liberador cuando puedes superar estos simples pensamientos que han controlado tu vida por algún tiempo.

Encontrarás que los ejercicios de depuración tendrán un profundo efecto en tu concentración y niveles de productividad. Estos ejercicios te ayudarán a aprender más sobre tus patrones de pensamiento y comportamiento. Una vez que los comprendas, podrás manipular estos pensamientos de manera positiva. Junto con la eliminación de distracciones de tu lugar de trabajo, encontrarás el éxito a la vuelta de cada esquina. Desarrollarás un impulso que continuará creciendo y expandiéndose dentro de tu vida y las personas que te rodean.

Después de seguir los minuciosos planes de objetivos que tienes disponibles, estoy segura de que siempre construirás un objetivo sólido.

Recuerda que es esencial mantenerte al día con un solo objetivo a la vez. No te preocupes; crearás el próximo objetivo antes de darte cuenta. Este ciclo positivo continuará sucediendo junto con tus prácticas de hackeo mental hasta que elimines todos los pensamientos negativos y continúes mejorando. El cielo es el límite.

Cuando llegues a las verdaderas prácticas profundas del hackeo mental, continuarán floreciendo posibilidades. Se abrirán puertas para tí y todo fluirá. Cuando estés despreocupado y flotando río abajo, aparecerán aspectos positivos y aprovecharás esas oportunidades porque sabrás que existen.

La consistencia y la disciplina son dos claves que van de la mano para darte la resolución de alcanzar sus objetivos, sin importar el caso. Cuanto más fuertes sean estos atributos, más éxito tendrás en alcanzar tus metas personales. Recuerda mantener tu mente clara y concentrada cuánto puedas, especialmente al comenzar el proceso. Puede ser abrumador, pero tus afirmaciones estarán en la ventana o en tu oficina. Asegúrate de mirarlos a menudo durante el día para seguir recordándote por qué estás haciendo lo que estás haciendo.

No puedo enfatizar lo suficiente en que si aún no tienes un diario, asegúrate de hacerlo. Sacarás el máximo provecho de este libro cuando puedas seguir las prácticas adecuadamente, y es para tu mejor bien hacer el esfuerzo desde el principio. Si bien puede aclarar el parloteo en tu mente, te centrará en otras prácticas que puedes designar como hábitos para solidificar tu proceso de hackeo mental.

Descubrir y desarrollar tu autocomprensión y valor es algo hermoso para ver dentro de tí. Descubrirás partes de ti mismo que no sabías que existían, y te convertirás en tu ser auténtico. Cuando puedas crecer completamente dentro de ti mismo y sentirte cómodo dentro de tu piel, tus niveles de confianza se dispararán.

Quiero que sepas que con solo tener una idea de este libro, enriquecerás tu vida. Así de poderosos son los ejercicios contenidos y la información. Tienen el poder de transformarte en todo lo que has estado esperando en secreto. Es posible que cambies tus pensamientos y tus acciones, y es posible entrenar tu mente para actuar de cierta manera. Cuando respetas la información en sí misma y a ti mismo, puedes llegar tan lejos como desees. Y debes saber que pase lo que pase, tú tienes el control si lo deseas.